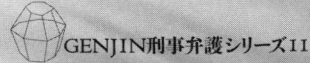GENJIN刑事弁護シリーズ11

ダイヤモンドルール研究会ワーキンググループ 編著

実践!
刑事証人尋問技術

事例から学ぶ尋問のダイヤモンドルール

現代人文社

序論──尋問技術は存在するのか

弁護士は尋問のプロか

　裁判員制度が論じられるとき、「裁判官は法律の専門家であっても、事実認定の専門家とは言えない」と言われることがある。

　いきなり裁判官を引き合いに出したが、ここで、裁判官を論じたいわけではない。問題にしたいのは、弁護士である。「弁護士は、法律の専門家であっても、尋問の専門家とは言えない」という議論が成り立つかどうかである。

　残念ながら、この議論を簡単に否定することはできないであろう。むしろ、私は尋問のプロだ、と自信を持って言い切れる弁護士は少数ではなかろうか。

　試しに、次の質問はどうであろうか。

　尋問には、どのような技術があるのか。
　その技術は、どうやったら修得できるのか。
　その修得のために我々は、どのような訓練を受けたのか。

　これら簡単な問いに対して、的確に答えることは容易ではないであろう。むしろ、大学・法科大学院・司法研修所などの法学教育で、まともな尋問技術の研修など受けたことはないという意見も多いのではないであろうか。

　実際に、法廷でわれわれが目にする反対尋問はどうであろうか。趣旨不明で冗長な尋問、あるいは主尋問を塗り固めるだけの反対尋問が数多く見られることを否定できない。そこに技術があると、胸を張れるだろうか。

　考えてみれば、おかしなことである。弁護士にとって、証人尋問は闘いの場である。尋問技術は、そこでの唯一の武器である。どこの世界に、武器の使い方を知らないままに闘いに臨む武者がいるであろうか。ドン・キホーテは、風車に闘いを挑んだが、少なくとも槍の使い方は知っていた。あるいは、われわれはドン・キホーテ以上に風変わりなことをしているのかもしれない。

　しかし、われわれも見事な反対尋問を目にすることがある。巧みな尋問の

前に、証言台の検察官側証人は徐々に追いつめられ、最後には絶句し、沈黙する。主尋問での証言は完全に瓦解し、被告人の無罪が揺るぎないものとなる。稀ではあるが、わが国にもそんな法廷が存在するのである。そして、そのような見事な尋問をしているのは、決まって同じ弁護士である。反対尋問の達人が間違いなく存在するのである。

　意識しているかどうかは別として、彼らには技術がある。問題なのは、彼らの技術が抽出されず、伝承されることもなかったことなのである。彼らの技術は、抽出も伝承も不可能な秘術なのであろうか。

「ダイヤモンドルール研究会」の発足

　われわれが羅針盤とすべき1冊の本がある。キース・エヴァンス（髙野隆訳）『弁護のゴールデンルール』（現代人文社、2000年）である。イギリスのバリスターであるエヴァンスが、弁護士が学ぶべき弁論技術・尋問技術を、ゴールデンルール（黄金律）という名でまとめたものである。

　たとえば、彼は、反対尋問についてこう警告する。

　「「なぜ？（why?）」とは問うな」。

　思わず「なぜ」と問いたくなるルールである。わが国では、これまで反対尋問の際に「なぜ」と聞かないことを信条にしている弁護士は、まずいなかったであろう。

　エヴァンスに言わせれば、反対尋問は、自分が欲する答えに証人を導き、それを言わせる手続である。もし、尋問者が「なぜ」と問えば、その瞬間、証人は、自由に答え、弁解する権利を得る。尋問者は、証人のコントロールを完全に失ってしまい、導くことなど不可能となるのである。エヴァンスの立場から言えば、「なぜ」と問えないのは、反対尋問の性格上、論理必然となる。そこには、われわれ日本の法律家が意識してこなかった反対尋問の理論と技術がある。

　もっとも、エヴァンスの議論が、直ちにわが国に当てはまるとはかぎらない。わが国は、捜査が密室で行われ、可視化されていない。今なお、調書がまかり通っている。裁判官の露骨な介入・補充尋問がある。敵性証人を「撃沈しなければ」、あるいは「撃沈しても」、裁判官に、依頼者への有利な心証を抱かせることは難しい。

われわれは、エヴァンスの「ゴールデンルール」を超えなければならない。われわれは、ゴールデンルールを超える「ダイヤモンドルール」を作ることを企図して、「ダイヤモンドルール研究会」を発足させた。

　研究会では、主に反対尋問の技術を検証してきた。その結果、反対尋問の成功事例には一定の共通点があることがわかってきた。当初おぼろげであった「尋問技術」らしきものが、ようやく像を結び始めたのである。そして、実際に、われわれが考えるダイヤモンドルールを実践で駆使して、一定の成果を上げたという報告も聞かれるようになった。

　そして、研究会はその研究経過を踏まえ、季刊刑事弁護36号（2003年）から「事例から学ぶ証人尋問のテクニック！」という連載を始めた。

法廷技術への関心の高まりと本書の役割

　連載開始後、状況は大きく変わった。裁判員裁判の実施が決まり、否応なく法廷弁護技術についての関心が高まった。そして、2008年には、髙野隆弁護士らが中心になって、全米法廷技術研究所（National Institute for Trial Advocacy: NITA）によって開発された法廷技術の研修手法がわが国にも紹介され、日弁連の研修に取り入れられた。NITAの研修方法は、衝撃的であった。ダイヤモンドルール研究会も、さまざまな点で見直しや補充を迫られた。しかし、他方で、尋問技術に関するかぎり、研究会での議論の基本的な方向性そのものは、何ら誤っていなかったことを確認することもできた。本書は、季刊刑事弁護での連載を基本としつつ、NITA研修をはじめとするその後の議論の進展も踏まえて、必要な加筆訂正を行ったものである。現時点でのわが国の尋問技術の最先端かつ実践的な議論を、われわれなりに反映することができたと考えている。

　もとより研究会での議論は、なお発展途上である。実際、刻々と変化する法廷の場面においては、臨機応変な対応こそが要求される。本書の提案する技術は、せいぜいその基礎テクニック、野球で言えば、キャッチボールや素振りの技術を教えるものにすぎないとも言えよう。しかし、キャッチボールや素振りといった基礎技術を軽んじて、その道のプロになれることはないであろう。むしろ、プロ中のプロこそ、基本を大切にしているはずである。そして、そのような基礎テクニックに関しても、実践的な尋問技術についての手

引書がほとんど存在しないわが国の現状からすれば、本書は少なくとも「叩き台」としての価値はあると思われる。そして、これから未知の裁判員裁判に、積極果敢に取り組むわが国の弁護士の一助となれば、幸いである。

　本書では、実際の実践例、生の素材にこだわった[*1]。実務家にとって、実践の経験こそが、最大の教科書であると考えるからである。

　他方でこの手法には、一定の危険や限定が伴うことも否定できない。いうまでもなく、すべての事件の背景には、非常に多くの要素が絡み合っている。とくに無罪事件の場合にはそうである。しかし、研修素材として取り上げる場合、それらの要素のほとんどは、捨象せざるをえない。また、尋問の一部分のみを取り上げても、一件記録により事件の全体像を把握できない読者には、その理解に大きな限界がある。まかり間違えば、事件の全体像を見失ったままの議論、「木を見て森を見ず」の議論を読者に押しつけるということにもなりかねないであろう。

　読者には、そのような問題点も見据えたうえで、ご批判をいただければと願う次第である。

2009年3月

　　　　　　　　　　　　　ダイヤモンドルール研究会ワーキンググループ
　　　　　　　　　　　　　代表　秋田真志

*1　収録した事例は、法曹三者による模擬裁判の事例も含めて、いずれも何らかのモデルとなった事件があるが、プライバシーや解説の必要上、すべてについて大幅な修正変更が加えられており、あくまでフィクションにすぎないことをお断りしておきたい。

実践！刑事証人尋問技術

目　次

序論──尋問技術は存在するのか　2

反対尋問──基礎編

【第1章】
消えたバッグ ──────────── 16
　事件の概要　16
　主尋問での被害者証言　17
　仮想反対尋問──失敗例　19
　実際に行われた反対尋問──成功例　20
　無罪判決の認定　23
　仮想反対尋問はなぜ失敗したのか　24
　実際に行われた尋問はなぜ成功したのか　24
　反対尋問は弾劾である　26
　反対尋問のルール　27

【第2章】
偽りの目撃者!? ──────────── 28
　事件の概要　28
　被害者の主尋問での供述　29
　仮想反対尋問①──獲得目標を誤った尋問　30
　被害者の供述と矛盾する証拠　32
　実際に行われた反対尋問──成功例　33

仮想反対尋問②──矛盾の示し方を誤った尋問　　36
　　逃げ道を塞げ──タメを作れ　　37
　　なぜとは問うな。誘導せよ！　　38
　　矛盾を浮き彫りにすることの重要性　　39
　　矛盾を示すテクニック　　40

コラム：NITAメソッドにおける3つのC　　41

【第3章】
取調官の嘘を暴け！ ─────── 45
　　事件の概要　　45
　　取調官の主尋問での供述　　45
　　陥りやすい失敗例──獲得目標を誤った尋問　　46
　　実際に行われた反対尋問──成功例　　49
　　成功例に用いられたテクニック　　53
　　嘘の防御ラインと田原坂ルール　　54

【第4章】
目撃者は本当に目撃していたのか？ ─── 57
　　事件の概要　　57
　　主尋問　　57
　　仮想反対尋問──失敗例　　59
　　実際に行われた反対尋問──成功例　　60
　　実際に行われた尋問はなぜ成功したのか　　62
　　矛盾する周辺事実を積み重ねよ！　　63

反対尋問──実践編

【第5章】
動かぬ証拠に証人は…… ─────── 66
　　──シミュレーションのこつ
　　事件の概要　　66

弁護人の着目点は？　　67
　　事前に逃げ道を塞げ　　68
　　動かぬ証拠に証人は……①　　70
　　動かぬ証拠に証人は……②　　74
　　裁判所の認定　　75
　　参考想定問答例　　77
　　成功のポイント　　80

【第6章】
ケースセオリーを見極めろ！ ── 82
──反対尋問の準備の方法
　　事件の概要　　82
　　ケースセオリーを見極めよう　　83
　　証拠を精査し「弾劾のセオリー」を確立しよう　　84
　　尋問事項を組み立てよう　　86
　　証人が事前の予想に反する証言を始めた場合　　88

【第7章】
書面の呈示・読み聞かせは許されるのか？ ── 91
──自己矛盾供述の効果的な突き方
　　自己矛盾供述と供述録取書の呈示　　91
　　供述録取書を示すことは許されるか？　　92
　　異議への対応方法　　95
　　裁判長の対応が不適切な場合──読み聞かせの活用　　97

【第8章】
少女は嘘をつかないか？ ── 100
──性犯罪事件の被害者尋問
　　性的犯罪での反対尋問の難しさ　　100
　　事件の概要と少女の言い分　　100
　　被告人の言い分　　101
　　弁護人はどのような事前準備をすべきか　　102
　　仮想反対尋問──失敗例　　102

実際に行われた尋問——成功例　104
　　尋問で使われた技術とシミュレーション　108
　　関連性との関係　110

【第9章】
さびしき家出少女の嘘　113
——続・性犯罪事件の被害者尋問
　　少女の供述と被告人の言い分　113
　　実際に行われた尋問——成功例　114
　　少女の嘘をどうやって見抜いたのか？——弁護人の考察　117
　　さびしき少女——アナザーストーリーの展開　118
　　浮かび上がるルール　119

【第10章】
証人の言い逃れを許すな！　121
——弁解を封ずる高等テクニック
　　事件の概要　121
　　仮想反対尋問——失敗例　123
　　実際に行われた反対尋問——成功例　124
　　無罪判決　131
　　言い逃れを追うな！　132
　　言い逃れのパターンを知れ　134
　　図星を指せ　135

【第11章】
検察官調書を粉砕せよ(1)　140
——刑訴法321条1項2号後段書面の供述者に対する反対尋問
　　問題の所在——検察官調書の危険性　140
　　事件の概要　141
　　仮想反対尋問——失敗例　143
　　実際に行われた反対尋問①——特信情況の弾劾　144
　　特信情況を弾劾するルール　147
　　実際に行われた反対尋問②——検察官調書の内容の弾劾　148

【第12章】
検察官調書を粉砕せよ(2) ——— 151
―――取調べ検察官に対する反対尋問

　問題の所在　151
　事件の概要　151
　Ａ検事に対する主尋問　152
　仮想反対尋問――失敗例　153
　実際に行われた反対尋問――成功例　154
　裁判所の決定　157
　取調官を弾劾するためのルール　159

コラム：一部録画DVD作成者（＝取調官）を尋問せよ　160
　取調官に「何を訊くか」　160
　取調官に対する尋問――具体例　161

反対尋問――テクニック編

【第13章】
短く！短く！ ——— 166
―――反対尋問の長さはいかにあるべきか

　あるジョーク　166
　問いの長さ　166
　尋問全体の長さ　170

【第14章】
ダメは押すな！ ——— 172
―――つい突っ込みたくなる誘惑を抑えよう

　直接疑問をぶつけるな　172
　矛盾する周辺事実を積み重ねよう！　173
　ダメを押すな！　175

主尋問編

【第15章】
誘導尋問を意識せよ！ ——— 180
——より的確な主尋問のために

　絶対に誘導するな！　　180
　「誘導」への意識を高めよう！　　183
　一切誘導をしない例　　183
　誘導を避ける秘訣と練習方法　　184

【第16章】
的確に事実を引き出そう ——— 186
——わかりやすい主尋問のために

　失敗例　　186
　事実を聞け！　　188
　証人とケースセオリーを共有しよう！　　189
　リハーサルをしよう　　190
　主尋問の準備のためのルール　　192

【第17章】
構成を考えよう ——— 193
——わかりやすい主尋問のために

　失敗例　　193
　尋問の構成を考えよう！　　194
　構成を意識した例　　195

【第18章】
図面等の利用 ——— 198
——ビジュアルエイドを使え！

【第19章】
反対尋問に備えろ！ ——— 201
——崩れない主尋問のために

コラム：主尋問は「心と心」である　205
「技術か心か」という択一論の誤り　205
山本純子ケースの概要と争点　206
「球」と「筋」をめぐって　207
結果と感想など　208

異議編

【第20章】
意義ある異議！の出し方(1) ——— 212
——誘導に対する異議

不活発な異議——従前の実務　212
裁判員裁判における異議の重要性——これからの実務　213
誘導に対する異議の実例　214
よくある尋問例　215
実際に行われた尋問　217
正しい異議と訴訟指揮　218
意義ある異議を出すために　220

【第21章】
意義ある異議！の出し方(2) ——— 223
——誘導以外の異議

誤導　223
個別的・具体的・簡潔ではない尋問　224
刑訴規則199条の13第２項に定める不相当な尋問　224
伝聞　227

【第22章】
裁判官・裁判員の尋問に対する異議 ── 229

プレゼンテーション技術編

【第23章】
尋問もプレゼンテーションであることを意識しよう ── 234

- 主尋問・反対尋問共通のルール　234
- 主尋問でのルール　239
- 反対尋問でのルール　240
- プレゼンテーションを意識せよ　241

コラム：尋問べからず集　242

あとがき──尋問は技術である　246

抽出されたダイヤモンドルール　249

証人尋問に関する実践的な参考文献　253

付録DVD「ダイヤモンドルールを用いた尋問の基本テクニック」について　254

反対尋問──基礎編

【第1章】
消えたバッグ

事件の概要

　尋問技術を考える最初の事例として、ある窃盗事件を取り上げよう。
　この事例は、実際にあった事件がモデルである。大阪弁護士会の会員が当番弁護士として出動し、捜査・公判と一貫して弁護活動を行い、結果として無罪となった事案である。大阪弁護士会での司法修習生に対する捜査・公判ゼミの教材にもなっている。
　事案の概要を説明しよう。事件が起こったのは深夜である。その日被告人は、テレクラで知り合った被害者を相手に買春をする。被告人は、その買春の後、車でホテルを出たところで、被害者に自動販売機でジュースを買ってきてくれと頼んだ。そして、彼女が車を出て、自動販売機でジュースを買っている隙に、車を発進させて彼女を置き去りにしたのである。買春代は払っていない。置き去りにされた被害者は、車の中に置いておいたバッグを被告人に持ち逃げされたとして、警察に窃盗の被害届を出したのである。
　後に逮捕された被告人は、彼女が車の中にバッグを置いていたことは認めた。しかし、被告人は「車を発進させるときに、バッグを車の窓から外へ捨てた。だから自分は盗んでいない」と窃盗を否認したのである。これに対し、被害者は、置き去りにされた後、周囲を探したが、バッグは見つからなかったと供述した。このため、公判では、被告人が発進の際にバッグを窓から投げ捨てたといえるか、また、バッグを探したが見つからなかったという被害者供述の信用性が最大の争点となった。

主尋問での被害者証言

　そこで、バッグを探したという場面についての被害者の主尋問証言を見てみよう。

検察官　自動販売機のところに行きましたね。
証　人　はい。
検察官　どんな買い方をしたんですか。
証　人　車の中で、被告人がカルピスウォーターの冷たいのをほしいと言ったので、それを先に買いました。
検察官　それから。
証　人　別に意味はなかったんですけれども、ちょっと車のほうを見ました。で、もう1本、自分のを買おうと思いまして、お金を入れました。
検察官　振り返ったとき、車の状態は、どうでしたか。
証　人　元の位置に停まっていました。
検察官　助手席の窓は、そのときどうでしたか。
証　人　閉まっていました。
検察官　助手席のドアは。
証　人　閉まっていました。
検察官　それからどうしたの。
証　人　お金を入れて、自分のほしいのがコーヒーだったので、押そうとしたときに、車が急発進しました。
検察官　走り去った車を見て、君はどうしたの。
証　人　車を見て、……まず、追いかけました。
検察官　どれぐらい追いかけたの。
証　人　50メートルぐらいだったと思います。
検察官　そこで車を見失ったの。
証　人　はい。
検察官　車を見失った後、君はどうしましたか。
証　人　バッグが落ちてないかなと思いまして、あたりを探しました。
検察官　探し始めたのは、どの地点からですか。

証　人	50メートル先まで行ってますから、そこらあたりから、ずうっとその自動販売機のほうに帰ってきながら。
検察官	バッグはなかったの。
証　人	はい、ありませんでした。
検察官	バッグが落ちているかもしれないと思った理由は何ですか。
証　人	もしかしたら車からバッグが落ちてというか、外に放って置いてくれたんじゃないかと思いまして、見ました。
検察官	探し方なんだけれども、もう少し具体的に説明してくれないかな。
証　人	車の停めてあった位置とかは、十分見ましたし。
検察官	歩道も車道も探したの。
証　人	車が急発進して停まる様子がなかったので、50メートル先のほうはそんなにはよくは見ませんでしたけど、車道のほうまで見たのは、車の停めてあった位置のほうだけです。歩道のほうはずうっと一応見ました。
検察官	それで、どこにも見つからなかったということになりますか。
証　人	はい。
検察官	その50メートル先から自動販売機までこの付近の明るさというのは、どんなものだったんですか。
証　人	バッグが落ちていれば絶対わかるような明るさですし、ラーメン屋さんとかあって、まわりは夜でもすごく明るかったです。
検察官	車の走り去った方向へ君が歩いていったりしたの。
証　人	はい。どうしようもなかったんで、そこで５分ぐらい、あっちいったり、こっちいったり、ウロウロしていました。
検察官	それは、目的は何だったの。
証　人	もう１回バッグが落ちてないかって見ました。
検察官	被告人が車を停めた周囲に、他の車は停まっていませんでしたか。
証　人	前後に停まっていました。
検察官	停まっている車の陰まで探しましたね。
証　人	はい。
検察官	バッグは、なかった。

証　人　はい、ありませんでした。

　被害者は、車が急発進した後、50メートルほど車を追いかけ、バッグを探しながら、自動販売機のところまで戻ったという。自動販売機の付近は、歩道だけでなく、車道や車の陰まで探したが、バッグは見つからなかったというのである。この主尋問を見るかぎり、被害者の証言にとくに不自然な部分はないように見える。この主尋問を崩すためには、どのような反対尋問をすべきであろうか。

仮想反対尋問──失敗例

　反対尋問を考える場合、誰でも、まず尋問によって何を獲得すべきかを考えるであろう。それでは、本件の場合、獲得目標をどのように設定すべきであろうか。多くの弁護士は、証言の疑問点を追及しようと考えるのではないだろうか。たとえば、被害者は、どうしてバッグを車の中に置いていったのだろうか、途中で振り返ってみたというのは、話ができすぎではないか、本当に50メートルも追いかけたのだろうか、深夜なのによく探したというのは本当だろうか、などが疑問点として出てくるのではないだろうか。それでは、このような疑問をぶつける仮想反対尋問をしてみよう。

弁護人　あなたは、バッグを車の中に置いていったのですね。
証　人　はい。
弁護人　どうしてですか。
証　人　まさか逃げるとは思わなかったから。
弁護人　でも、あなたは振り返ってみたというのでしょう。
証　人　はい。
弁護人　逃げると思っていたからではありませんか。
証　人　いえ、なんとなく気になって、振り返っただけです。
弁護人　なんとなく気になった、とはどういう意味ですか。
証　人　深く考えていません。なんとなくです。
弁護人　本当は、振り返ってなんかいないのではないですか。
証　人　いいえ、振り返りました。

弁護人　それでは、そう聞いておきます。50メートル追いかけたと言いましたね。
証　人　はい。
弁護人　走って追いかけたのですか。
証　人　そうです。
弁護人　あなたが履いていたのは、ハイヒールだったのではないですか。
証　人　いいえ。普通の靴です。
弁護人　走れたのですか。
証　人　はい。
弁護人　本当に50メートルも追いかけたのですか。50メートルといえば長いですよ。
証　人　バッグを取り戻そうと必死でしたから。
弁護人　ところで、よく探したと言われましたね。
証　人　はい。
弁護人　時間は、深夜でしたね。あたりは暗かったのではないですか。
証　人　いいえ、先ほども言いましたように、ラーメン屋などの灯りで、十分に明かったです。
弁護人　本当に探したんですか。
証　人　はい。探しました。

　この反対尋問に何か成果があったといえるであろうか。およそ成果が上がったとはいえまい。むしろ、検察官の主尋問を固めるだけの「塗り壁尋問」になってしまっている。では、実際に行われた反対尋問はどうだったのかを見てみよう。

実際に行われた反対尋問──成功例

弁護人　あなたは、被告人の車が50メートル先に行ってしまっているのを見てどうしました。
証　人　追いかけました。
弁護人　先ほどの話ではその後、何をされたんでしたっけ。
証　人　その後、自動販売機のほうにバッグを探しに帰りました。

弁護人　そういう説明は最初から警察でしていますか。
証　人　……最初、……はい。
弁護人　50メートル追いかけて探したというあなたの話を、警察の調書に書いてもらいましたか。
証　人　はい。
弁護人　違ったふうになってませんか。
証　人　いえ、ないと思います。
弁護人　今日、法廷で話したことを最初から言っていますか。
証　人　……。
弁護人　探したなんて言ってないでしょう。
証　人　……。
弁護人　最初は車が行ってしまったんでどうしたらいいかわからなくて、その場にしばらくいましたと説明してますね。
証　人　……。
弁護人　正直に記憶で言ってくださいよ。
証　人　はい。
弁護人　違いますか。
証　人　そうだったと思います。
弁護人　もう1回確認しますよ。最初は車が行ってしまってどうしたらいいかわからないので、その場にしばらくいたと説明をしましたね。
証　人　はい。
弁護人　そう調書に書いてもらいましたね。
証　人　はい。
❶弁護人　なんでね、それが変わったの。
証　人　……よく考えてみると、すぐ追いかけて探しに行きました。
弁護人　警察からは、被告人はカバンを放り投げているという言い訳をしているという説明を受けましたね。
証　人　はい。
弁護人　その取調べのときに、探したんじゃないかという話になりましたね。
証　人　はい。

【第1章】消えたバッグ

弁護人　あなたよく考えたとおっしゃったけども、最初の調書のときにはよく考えてなかったのかな。
証　人　……。
弁護人　それなのに警察の最初の頃の調書にはその場にいたということにしたわけ。
証　人　……はい。
❷弁護人　どうしてそういう嘘を最初に言ったわけ。
証　人　……。
❸弁護人　実際は最初に調書で書かれていたように、その場にいたというのが真実でしょう。
証　人　……はい。

　どうであろうか。この反対尋問では、被害者が本当にバッグを探したのか、大いに疑問が生じたのではないだろうか。これまで読者には、この被害者の警察官調書の内容を明かしていなかったので、この獲得目標に気づくのは、無理な話である。しかし、警察官調書との矛盾を突くことによって、証言の信用性が揺らいでいることはおわかりいただけたのではないかと思う。その種明かしになるが、問題の調書の該当箇所を引用してみよう。

　　私はどうしていいのか判らず、5分程その場にいましたが、K（被告人）が戻ってくる気配もないので仕方なく、公衆電話を探し知り合いの人に電話をして迎えに来てもらったのです。……私は、5分程その場にいましたが、周囲に私のバッグなど、どこにも見当たりませんでした。

　この調書は、事件翌日に警察で録取されたものである。そこには、「バッグを探した」との表現は一切出てこない。これは、現場をくまなく探したかのような被害者の主尋問証言とは、明らかに矛盾している。弁護人は、その矛盾を突いたのである。
　実は、この尋問例には、後に触れるように、反対尋問技術の点から見れば、いくつかの問題点が指摘できる。しかし、そこには反対尋問の基本が隠されているのである。

無罪判決の認定

そのことを確認するために、まず無罪判決の認定を見てみよう。

　本件の翌日に作成された被害者の警察官調書によれば、被告人が被害者を置き去りにした直後の状況について、「……私はどうしていいのか判らず、5分程その場にいました……。5分程その場にいましたが、周囲に私のバッグなど、どこにも見当たりませんでした」と供述していたことが認められ、被害者が公判廷で証言するようにバッグを積極的に探したことを窺わせる記載は見当たらない。また、被害者は公判廷においても、弁護人から2度にわたり「最初は車が行ってしまったのでどうしたらいいか分からなくて、その場にいたという説明をしてますね。」と確認されたのに対し、「そうだと思います。」とか「はい。」とか答え、そのことについて重ねて「なんで変わったの。」と問いただされると「……良く考えてみると、追いかけて探しに行きました。」と証言するなど、警察の事情聴取ではバッグを探したとは供述していなかったがその後に探したことを思い出したかのような証言をし、さらに、弁護人から「実際は最初に調書で書いた、その場にいたというのが真実でしょう。」と質問されると、「はい。」と答え（る）……などと証言を変遷させている。……その直後にバッグが現場にあったかなかったかということは非常に重要な事実であり、……被害者が、被告人の車を50メートルも追いかけ、その後付近を隈なく探したのが本当であれば、同女が証言しているように後になって良く考えてみなければ思い出せないとは考えられ（ない。）……それにもかかわらず、被害者の警察官調書にはバッグを探した旨の記載はどこにもない。この点についての被害者の公判廷での証言に一貫性がないことも併せ考えると、自動販売機の辺りやそこから被告人の走り去っていった方向へ50メートルくらいまでの範囲を探したとの上記公判証言は信用できない。

　この認定は、弁護人の反対尋問によって獲得された内容そのものである。それでは、なぜこの反対尋問は成功し、仮想反対尋問はなぜ失敗したのか。どこに反対尋問のテクニックやタブーが隠されているのであろうか。

仮想反対尋問はなぜ失敗したのか

　もう一度仮想反対尋問（19頁）をみてみよう。
　この反対尋問では、証人に対し、次から次へと疑問をぶつけている。「逃げると思っていたのではないか」「振り返ってはいないのではないか」「50メートルも追いかけていないのではないか」「履いていたのはハイヒールだったのではないか」「現場は暗かったのではないか」「実際には探していないのではないか」という具合である。
　その結果はどうであろうか。「逃げるとは思っていなかった」「振り返った」「50メートル追いかけた」「普通の靴を履いていた」「現場は明るかった」「探した」とことごとく疑問を否定され、かえって主尋問の証言を固めてしまっている。どうしてこうなったのであろうか。
　実は、考えてみれば当然なのである。この証人は、バッグを探したことを証言しにわざわざ法廷にまでやってきたのである。「探したか」と聞かれたら、「探した」と答えるのが論理必然的な結果である。この反対尋問では、疑問をぶつけることによって、証人に弁解をさせ、その証言内容をより強固なものにしている。言ってみれば、反対尋問を通じて、その疑問を解消し、その供述内容の信用性を「立証」しているのである。反対尋問の目的は、「立証」ではない。「立証」は、主尋問の目的であり、課題である。この反対尋問では、結果として、主尋問の役割を果たし、主尋問の「塗り壁尋問」になってしまったといえる。
　疑問に答えさせることを目標にする反対尋問は、証人に弁解をさせるだけに終わり、失敗するのである。

実際に行われた尋問はなぜ成功したのか

　では、効果的な反対尋問をするためには、どうすればよいのであろうか。成功した実際に行われた反対尋問（20頁）から、その点を検討してみよう。
　この反対尋問の結果、被害者が本当にバッグを探したかどうかに疑いが生じている。この反対尋問は、何を目標にしたのであろうか。
　それは、尋問のクライマックスの部分をみればわかる。クライマックスは、以下の部分である。

弁護人　今日、法廷で話したことを最初から言っていますか。
証　人　……。
弁護人　探したなんて言ってないでしょう。
証　人　……。
弁護人　最初は車が行ってしまったんでどうしたらいいかわからなくて、その場にしばらくいましたと説明してますね。
証　人　……。
弁護人　正直に記憶で言ってくださいよ。
証　人　はい。
弁護人　違いますか。
証　人　そうだったと思います。
弁護人　もう１回確認しますよ。最初は車が行ってしまってどうしたらいいかわからないので、その場にしばらくいたと説明をしましたね。
証　人　はい。
弁護人　そう調書に書いてもらいましたね。
証　人　はい。

　ここで弁護人は、鋭く証人に迫り、絶句に追い込んだうえ、弁護人の意図した答えを導いている。そこでの追及の武器は何か。証人の捜査段階の供述である。弁護人は、証人自身の捜査段階の供述と公判証言が食い違っていること、すなわち「自己矛盾」を突きつけているのである。その結果、被害者の証言はしどろもどろになり、結果として、バッグを探したという供述の信用性が大きく揺らぐことになったのである。
　もっとも、この反対尋問例は、ダイヤモンドルール研究会が発足する以前になされたものであって、これから見ていくルールからいえば、いくつかの問題もある。たとえば、❶の「なんでね、それが変わったの」や、❷の「どうしてそういう嘘を最初に言ったわけ」といった質問は、証人に自由に答えさせる質問、いわゆるオープンな質問であって、反対尋問では避けるべきである[*1]。オープンな質問をすれば、証人が自由に弁解することを許してしまうからである。そうなると尋問者は、コントロールを失う危険性が高い。また、

【第１章】消えたバッグ

この❷の「嘘」や❸の「真実」といった言葉は、評価であってやはり避けるべきである。このような評価を突きつけると、証人と論争になり、やはりコントロールを失ってしまう。より端的に事実を聞くべきだと言えるであろう。

しかし、そうだとは言っても、この尋問例には反対尋問の本質が含まれている。成功例としての意義は、いささかも変わらない。

反対尋問は弾劾である

それでは、この尋問例に含まれる反対尋問の本質とは何か。そして、この尋問例にどのようなテクニックが隠されていたのか。

すでに触れたとおり、主尋問の目標は、「立証」である。これに対し、反対尋問の目標は、あくまで証言の信用性の減殺、すなわち「弾劾」である。

主尋問＝立証
反対尋問＝弾劾

言われてみれば、当たり前のようなこの大原則が、実は、わが国の法廷では守られていない。その結果、来る日も来る日も、塗り壁尋問としかいいようのない反対尋問が繰り返されることになっているのである。

では、弾劾のためにはどうすればよいのか。その答えを得るためには、どのような供述が信用できないかを考えればよい。信用できない供述の最たるものといえば、変遷した供述＝「自己矛盾供述」であろう。そうである以上、弾劾のためには、その供述が自己矛盾していることを示せばよいのである。まさに、このケースの弁護人は、反対尋問で被害者供述の自己矛盾を浮き彫りにし、証言の信用性を弾劾したのである。

これに対して、失敗した仮想反対尋問をもう一度検討しておこう。この尋問では、いろいろと疑問をぶつけているが、そこには矛盾を浮き彫りにして、証言の信用性を減殺しようという意図は見られない。単に疑問をぶつけて、その疑問に対する弁解をさせているだけである。証人にいくら弁解をさせても、それでは弾劾にはならない。前述のとおり、弁解すればするほど、かえって疑問は解消し、その証言は固まってしまう。反対尋問としては、何の成果も得られないばかりか、主尋問の手助けをしてしまうことになるのである。

反対尋問のルール

　ここで、これまでの議論をまとめて、反対尋問のテクニックをルール化してみよう。

- 反対尋問の目標を見誤るな。
- 反対尋問では、弾劾せよ。
- 弾劾のためには、供述の自己矛盾を突け。
- 反対尋問では、弁解をさせるな。

　さしあたり、この４点がルールとして浮かび上がってきたといえるだろう。しかし、まだまだルールとしては不十分である。
　次章では、別の窃盗事件を素材として、さらに反対尋問のルールを検討してみよう。

---

*1　反対尋問で「なぜとは問うな」は大原則である。もっともダイヤモンドルール研究会でも、この尋問例のように、「なぜ」といって証人が絶句するのであれば、より反対尋問の効果が鮮烈となる、として、「絶句することが明らかな場合、なぜと聞いてもよいのではないか」との意見が出されている。また、補充尋問の認められているわが国では、尋問者が「なぜ」と聞かなくても、最終的には、裁判官や裁判員に聞かれてしまうから、「なぜと聞かないわけにはいかないのではないか」との意見もある。確かに、あらゆるルールには例外があり、これらの見解も、十分に傾聴すべきであろう。そして、「なぜ」と聞いて絶句させることにより、より効果を上げる場合があることも否定しない。しかし、後に本文で触れる（第２章）が、事前に逃げ道を塞ぎであれば、「なぜ」と聞く必要はないはずである。やはり「なぜ」と聞くのは、タブーというべきであろう。

【第2章】偽りの目撃者⁉

事件の概要

　2つめの事例は大阪弁護士会の会員が被害者の目撃供述を弾劾して無罪を獲得した窃盗被告事件である。ここでは、自己矛盾の突き方について考えてみよう。

　公訴事実は、「被告人は、窃盗の目的で、某日午前3時40分ころ、某所所在のガレージにおいて、同所に駐車中の普通貨物自動車の荷台に積載されている被害者所有に係る工具箱の蓋を開けて物色したが、同人に発見されたため、その目的を遂げなかった」というものである。

　被害者の供述によれば、事案の概要は次のとおりである。被害者は、事件前日の夜酒を飲み、ガレージに駐車していた軽トラックの運転席で眠っていた。深夜、物音を聞いて目覚めた被害者が自動車の中から荷台を見たところ、懐中電灯で荷台を照らしている被告人を発見した。さらに、被害者は、被告人が荷台の上に置いてあった工具箱の蓋を持ち上げるのを目撃したため、道具を盗られると思い、車から飛び出した。すると、被告人が逃走したため、被害者は追いかけて被告人を現行犯逮捕したというのである。

　これに対し、被告人は、現場にいたが、立ち小便をしようとしていただけで、工具箱を触ろうとしたことはない、と弁解した。このため、この事件では、被告人が物色したのかどうか、「工具箱の蓋を持ち上げるのを目撃した」という被害者の目撃供述の信用性が最大の争点となった。

被害者の主尋問での供述

まずは、被害者の主尋問での供述を見てみよう。

検察官　証人が目覚めたときに、車の周辺で何か変わったことがありましたか。
証　人　ええ、何かライトが後ろのあたりで見えたんです。よく見たら、懐中電灯の光が見え、人が立っていました。
検察官　最初、証人はその人を何だと思いましたか。
証　人　僕は警察官と思ったんです。でも、帽子をかぶってないからおかしいなと思って、ちょっと見ておったんです。
検察官　その人が男か女かわかりましたか。
証　人　それはちょっとわかりにくいです。
検察官　証人から見て、その人はどのくらいの距離にいたんでしょうか。
証　人　１〜２メートル以内と思います。
検察官　その人は何をしていたんですか。
証　人　懐中電灯で荷台をぐるっと照らして見渡してましたね。
検察官　懐中電灯はどちらの手で持っていましたか。
証　人　右手じゃなかったでしょうか。
検察官　懐中電灯をどのように動かしていましたか。
証　人　くるくる回しながら荷台を見ていました。
検察官　荷台のどこらへんを見ていたんでしょうか。
証　人　荷台の隅から隅まで見ていました。
検察官　その次にどういった動作をその人はしていたんでしょうか。
証　人　見てたら、工具箱のほうに手がいったんですわ。それで蓋が持ち上がったのを見たんです。
検察官　蓋を持ち上げている手自体は見たんですか。
証　人　ええ、もちろん。肘から下は窓からは死角になっているんですけども、肘から上は見えたんです。
検察官　で、蓋が持ち上がったんですよね。
証　人　そうです。
検察官　そのときに蓋を持っている手は見えたんですか。

証　　人　いや、もう蓋が開いたと同時に僕が出たもんで、手は見えなかったけど、肘より上の腕は見えました。
検察官　それは右手ですか、左手ですか。
証　　人　左手です。
検察官　左手の上腕部が何かを持ち上げるように動くのが見えたわけですね。
証　　人　そうです。
検察官　蓋はどうなりましたか。
証　　人　蓋自体も上に上がったのが見えました。
検察官　蓋は全部取り外されたんですか。
証　　人　いえ、片方だけです。両サイドにストッパーがついていて、片方だけ開きました。
検察官　車の前側の蓋が開いたんでしょうか、それとも車の後ろ側の蓋が開いたんでしょうか。
証　　人　後ろ側です。
検察官　証人はその人が工具箱の蓋の金具を外すのは見られましたか。
証　　人　はい。
検察官　その後、証人はどうしましたか。
証　　人　もう悪いことをされているのはわかりますし、以前に２、３回ほど盗られたことがあるんで、ひょっとしたらこの人かなという気持ちもあったんでね、即座に出ていって捕まえたんです。

仮想反対尋問①——獲得目標を誤った尋問

では、反対尋問で獲得目標を誤るとどうなるか。第１章と同様に、疑問をぶつけるだけの仮想反対尋問を見てみよう。

弁護人　証人が懐中電灯を持っていたのは、右手だと証言されましたね。
証　　人　はい。
弁護人　本当に右手でしたか。
証　　人　はい。
弁護人　暗くてよく見えなかったのではありませんか。

証　人	いいえ、そんなことはありません。
弁護人	最初犯人を見て、その人が男か女かわかりにくかったのは、暗くてよく見えなかったからじゃないんですか。
証　人	すぐにはわからなかっただけです。
弁護人	でも、懐中電灯を持っていた手が右手だとわかったんですか。
証　人	はい。
弁護人	どうしてわかったんですか。
証　人	手元が懐中電灯の光で明るくなっていたからです。
弁護人	そうですか。窓の死角になって、最初肘から下はよく見えなかったとおっしゃいましたよね。
証　人	はい。
弁護人	ところが、蓋が開いたところは見えたんですか。
証　人	はい。
弁護人	どうして見えたんですか。窓の死角になっているんじゃないんですか。
証　人	よく見ようと思って少し起き上がりましたし、蓋が上がってきましたから。
弁護人	蓋が上がってきて、窓の死角から見えたということですか。
証　人	そうです。おっしゃるとおりです。
弁護人	あなたは今まで２、３回ほど工具を盗られたことがあったと証言されましたね。
証　人	はい。
弁護人	そうすると、あなたはなんとかして犯人を捕まえようと思っていましたか。
証　人	はい。
弁護人	そうすると、懐中電灯を持って荷台を隅から隅まで見渡している人物を見たら、すぐに出ていって捕まえようと思うのが普通だと思うんですが、あなたは工具箱の蓋が上がってくるまで見ていたというんですか。
証　人	そうです。
弁護人	すぐに捕まえようと思っていたあなたが、すぐ車の外に飛び出さなかったというのはおかしくありませんか。

証　　人　別におかしいと思いませんが。
弁護人　どうしてすぐに飛び出さなかったんですか。捕まえようと思ったんでしょう。
証　　人　いや、はっきり見ないと捕まえられないと思ったんです。
弁護人　ということは、言い逃れができない行動をとるまで見ていたということですか。
証　　人　そうです。

　細かな解説は不要であろう。ひたすら疑問をぶつけた結果、証人に疑問を否定され、説明をされてしまっている。挙げ句の果てに、弁護人は、被害者の言い分をまとめて手助けまでしてしまっている。主尋問を固めるだけの典型的な「塗り壁尋問」である。

被害者の供述と矛盾する証拠

　実は、第1章「消えたバッグ」と同様、本件でも、被害者の主尋問供述と矛盾する証拠があった。
　まず、事件当日に作られた被害者の警察官調書である。ここには、以下のような記載がある。

　　（前略）私がガラス越しに、後部荷台を見るとそばに、男が1人立っていたのです。この男は、手に懐中電灯を持っておりました。私は、一瞬「お巡りさんかな」と思ったのです。
　　しかし、次の瞬間私は、「いや違う。この男はお巡りさんやない。泥棒や」と直感しました。と言うのも、男が懐中電灯で照らしている先は、黒色の延長コード等が入った長さ70センチ×巾30センチ×高さ20センチ位の青色の工具箱であり、かつ、男の持っている電灯のあかりで明確に工具箱の片方のロックがはずされ、男はそのあかりをたよりにその工具箱の中の物を手に取り、品定めしていることがはっきりと判ったのです。
　　私は男に工具等が盗まれてはかなわないと思い、助手席のドアを開け、外に飛び出すと共に男に対し「何しとるんや、こら」と、怒鳴りつけてやったのです（後略）。

もう1つ、やはり事件当日、被害者自らが被告人役となって目撃状況を再現した実況見分調書がある。その中に、次のような写真と説明があった。

写真第6号
　被害者は、被疑者が、工具箱を触り、閉めていた止め金を片方だけはずし、蓋を開けようとしていた状況を、車内から目撃していた。
　被害者が目撃した状況を、被害者を被疑者に見立てて再現している状況を撮影する。

　実際の事件では、これらの証拠をどのように活用したのか。実際に行われた反対尋問から、その成功の秘訣を分析しよう。

実際に行われた反対尋問——成功例

❶弁護人　先ほどの証言ですと、犯人は右手に懐中電灯を持っていたということなんですね。

　証　人　はい。

❷弁護人　懐中電灯とは逆の犯人の左手の上腕部が動くのが見えたということですね。

　証　人　はい。

　弁護人　それを見て、証人は工具箱の蓋が開けられたと思ったんですね。

　証　人　はい。

　弁護人　蓋が開いたと同時に、車の外に飛び出していったのですか。

　証　人　はい。

　弁護人　蓋が開いたと思った時点で、窃盗犯人だと思ったからですね。

　証　人　はい。

　弁護人　すぐに窃盗犯人を捕まえようと思ったのですね。

証　人　そうです。
弁護人　だから、蓋が開いたと同時に、車の外に飛び出したのですね。
証　人　そうです。
❸弁護人　その記憶に間違いはないんですか。
証　人　間違いありません。
❹弁護人　本当は、車の外に出たのはもっと後ではないのですか。
証　人　いいえ。
弁護人　事件当日にあなたは警察官から事情聴取を受けましたね。
証　人　はい。
弁護人　当日の何時頃にサインしたんですか。
証　人　午前9時頃ではなかったかと思います。
弁護人　事件から数時間後ですね。
証　人　そうですね。
弁護人　あなたは、そのとき記憶に違うことを説明しましたか。
証　人　いいえ。
弁護人　あなたの説明を警察官が調書にまとめたのではないですか。
証　人　そうでしたね。
弁護人　警察官は、調書にまとめた後、その内容をあなたに読んで聞かせてくれたのではないですか。
証　人　そうですね。
弁護人　あなたはその内容を聞いていましたね。
証　人　はい。
弁護人　あなたはその内容に誤りがないか尋ねられましたね。
証　人　はい。
弁護人　誤りがないということで、最後に署名押印をされたのではないですか。
証　人　そうですね。
弁護人　証人の事件当日付の警察官調書末尾署名指印部分を示します。これは警察で作ってもらった調書で、あなたの署名指印に間違いないですね。
証　人　間違いありません。
弁護人　これは、読んでもらった内容に間違いがないということで署名し

　　　　　たんですね。
証　人　はい。
弁護人　同調書の〇頁目の〇行目を示します。「男の持っている電灯の明かりで明確に工具箱の片方のロックが外され」と書いてありますね。
証　人　はい。
弁護人　次に書いてある部分を続けて私が読みますから、間違いがないか確認をしておいてくださいね。
証　人　はい。
❺弁護人　「……男はその明かりをたよりにその工具箱の中の物を手に取り、品定めしていることがはっきりと判ったのです」。私は書いてあるとおりに読みましたね。
証　人　……はい。
❻弁護人　次の質問に移ります。犯人は左手で工具箱の蓋を開けていたということでしたね。
証　人　はい。
❼弁護人　それも、間違いないですか。
証　人　はい。
❽弁護人　この日、被害現場で実況見分がありましたね。
証　人　はい。
❾弁護人　あなたも立ち会いましたね。
証　人　はい。
❿弁護人　実況見分調書によれば、事件当日の午前4時30分頃から実況見分をしたとありますが、そのとおりですか。
証　人　はい。
⓫弁護人　被告人を捕まえたその当日のすぐ後ですね。
証　人　はい。すぐ後ですね。
⓬弁護人　立ち会ったときにあなたが犯人役をして、犯人の動作を再現しましたね。
証　人　はい。
⓭弁護人　その状況を写真に撮ってもらいましたね。
証　人　はい。

【第2章】偽りの目撃者⁉

⑭弁護人　実況見分調書写真第6号を示します。この写真に写っているのはあなたですね。
　証　人　はい。
⑮弁護人　これは犯人が蓋を開けようとした状況を、あなたが目撃したとおりに、あなたが犯人になって再現したものですね。
　証　人　はい。
⑯弁護人　これはどちらの手で工具箱の蓋を開けようとしていますか。
　証　人　これは……右手ですね。
⑰弁護人　終わります。

　どうであろうか。被害者供述の自己矛盾が浮き彫りになり、その目撃状況についての信用性が、大いに揺らいでいるといえるであろう。現に、この反対尋問が決め手となり、本件は無罪となっている。
　ただし、単に矛盾に気づけばよいというものではない。問題は、いかに矛盾を示すかである。このことをわかりやすく説明するために、写真の矛盾に気づきながらも、矛盾を示せない悪い反対尋問を紹介しよう。

仮想反対尋問②──矛盾の示し方を誤った尋問

　弁護人　あなたは、先ほど検察官の主尋問で、「被告人が左手で工具箱の蓋を持ち上げたところを見た」と言いましたね。
　証　人　はい。
　弁護人　実況見分調書の写真第6号を示します。この写真を見ると、あなたは右手で工具箱の蓋を上げていますよね。
　証　人　はい。
⑱弁護人　先ほどは左手で持ち上げたと言い、この写真では右手で持ち上げていますが、どうしてこうなっているんですか。
　証　人　犯人が左手で蓋を持ち上げたことははっきりと記憶しています。この写真は今初めて見せられたものなので、どうしてこうなっているのかちょっとわかりません。
　弁護人　しかし、ここには「被害者を被疑者に見立てて再現している状況を撮影する」と書いてあるじゃないですか。

証　人　これは私が書いたものではありませんから。
❾弁護人　では、警察官が嘘を書いたということなんですか。
証　人　いや、思い出しました。これは工具箱の蓋のどこが開いていたのかと聞かれまして、蓋の開いた場所を説明したときに撮ってもらった写真だと思います。
弁護人　でも、この調書には「再現している状況」の写真だと書いてあるじゃないですか。
証　人　だから、私が書いたのではないですから、刑事さんが勘違いされたんじゃないですか。
弁護人　あなたが工具箱の蓋のどこが開いていたのかと聞かれて撮られた写真だというのは本当ですか。
証　人　本当です。

　矛盾点には気づいていた。しかし、結果として、一見矛盾する写真についても矛盾しないような説明をされてしまっている。これでは、弾劾にならない。どうしてこうなったのであろうか。

逃げ道を塞げ──タメを作れ

　その答えは、実際に行われた反対尋問に隠されている。まず、弁護人は、❶～❷や❸～❹でさりげなく、①犯人が左手で蓋を開けたという公判証言を確認し、さらに、②その証言が捜査段階から一貫したものであることを念押ししている。そして、いったん別の話題に移った後、再度❻～❼で左手であるという公判証言を確認した。そのうえで今度は❽～⓯で、実況見分の写真が、③事件直後に撮影されたものであること、④被害者が犯人の動作を再現したものであることを認めさせている。これら①～④を前提とすれば、実況見分の写真も左手で再現されていることが論理必然となる。そのうえで、弁護人は、公判証言での左手と、写真における右手の矛盾を突きつけた（⓰）。逃げ道を塞ぐ①～④の作業を事前にしていたからこそ、被害者供述の自己矛盾を示すことができたといえる。
　これに対し、失敗例では、逃げ道を塞ぐ作業をしないままに、⓲でいきなり「この写真では右手で持ち上げていますが、どうしてこうなっているんで

【第2章】偽りの目撃者⁉

すか」と聞いてしまっている。その結果、⓳で被害者に「これは、蓋の開いた場所を説明した写真だ」と弁解されてしまっている。

　成功例と失敗例の違いからも明らかなように、矛盾を示すためには、事前に証人の弁解可能性をつぶし、逃げ道を塞いでおく必要がある。キース・エヴァンスの「ゴールデンルール」ではこの作業を「証人をピンで留めよ」[*1]と表現している。

　この逃げ道を塞ぐ作業のことを、ダイヤモンドルール研究会では「タメを作る」と呼ぶようになった。「タメを作る」では意味がわからない、との批判もあるが[*2]、いきなり「矛盾そのもの」、すなわち手の内を明かすべきではない、というイメージをつかんでもらうためのレトリックと理解してもらえれば足りるであろう。

なぜとは問うな。誘導せよ！

　さらに、ここには、もう1つ基本的で重要なテクニックがある。もう一度、失敗例⓳の質問を見てみよう。ここで弁護人は、「どうして」と理由を聞いてしまっている。実は、これは反対尋問における最大のタブーである。「なぜ」という問いに対しては、証人は自由に答えることができる。このように自由に答えることができる質問は、「オープンな質問」と呼ばれる。反対尋問でオープンな質問をしてしまえば、証人は自由に弁解することが許され、尋問者は証人に対するコントロールを失ってしまうのである。すでに繰り返し述べてきたように、弁解は弾劾ではない。オープンな質問をすれば、反対尋問は失敗に終わるのである。これまで再三触れてきた「塗り壁尋問」も、オープンな質問を繰り返した結果、理由（弁解）を固めてしまった失敗例なのである。

　それではどうすればよいのであろうか。再度、実際に行われた反対尋問をみよう。まずは、被害者の証言を追って見てほしい。すぐに1つのことに気づくであろう。証人がほとんど「はい」としか答えていないことである。というより、「はい」としか答えさせてもらっていない。「はい」としか答えようのない質問を弁護人が続けているからである。そこでは、理由（弁解）は一切聞いておらず、端的に結論となる事実だけを聞いているのである。

　では、「はい」としか答えようのない質問とは何か。いうまでもないであろ

う。「誘導尋問」である。先ほどのオープンな質問との対比でいえば、「クローズドな質問」ともいえる。

　それではさらに、このような誘導尋問＝クローズドな質問によって、弁護人はいったい何をしているのか。これが、先ほど「タメを作る」として①～④で示した作業である。要するに、誘導尋問により、後に突きつける事実と矛盾する事実へと証人を導いているのである。誘導尋問によって証人を矛盾へと誘導し、そこにピンで留めた（タメを作った）うえで矛盾を突きつける。これこそが反対尋問のテクニックなのである。この事件でも、被害者は、誘導尋問により見事に自己矛盾を認めざるをえないところに追い込まれている。

矛盾を浮き彫りにすることの重要性

　もっとも、誘導尋問により証人を矛盾へと導き、証人をピンで留め、矛盾を突きつけて矛盾を示したとしても、それがささいな食い違いにすぎないと裁判所に思われるようでは、供述を弾劾したことにはならない。供述を弾劾するためには、なるべくドラマチックに矛盾を示し、矛盾を浮き彫りにすることが重要である。

　この点でも、弁護人は、いくつかのテクニックを駆使している。たとえば、供述調書を単に弁護人が引用するのではなく、被害者に供述調書を示している[*3]。さらに、最も重要な部分については、弁護人が一言一句を正確に読み上げた上[*4]、その部分をわざわざ被害者に確認させている（❺）。また、写真についても、被害者自身に「右手ですね」と言わせ（⓰）、矛盾を際だたせている[*5]。

　また、矛盾を示した後は、その矛盾を強調しようと、ついつい深追いしたくなる。しかし、矛盾を示した後は、深追いしないことも重要である。

　この点でも、本件の弁護人の尋問は見事である。たとえば、供述調書との矛盾を被害者本人に認めさせた後（❺）、直ちに「次の質問に移ります」（❻）と話題を切り替えている。写真との矛盾についても、「右手ですね」と被害者に述べさせた後（⓰）、尋問を打ち切っている（⓱）。もしこれ以上に突っ込めば、被害者は弁解を始めてしまい、矛盾を説明してしまうかもしれない。そうなればかえって矛盾の印象が弱まってしまうであろう。深追いはせず、腹八分目で収める。簡単なようで難しいテクニックである。

矛盾を示すテクニック

ここで、矛盾の示し方についてのテクニックをまとめてみよう。

- 事前に逃げ道（弁解の余地）を塞げ。
- なぜとは問うな（理由を聞くな）。
- 誘導尋問をせよ。
- 証人を矛盾へと導け。
- 矛盾の部分でピンで留めよ（タメを作れ）。
- 矛盾を示せ。
- 矛盾は、ドラマチックに示せ。
- 矛盾を示したら深追いするな。

---

*1　キース・エヴァンス（髙野隆訳）『弁護のゴールデンルール』（現代人文社、2000年）117頁。なお、NITAの3Cのステップについて、コラムを参照されたい（本書41頁）。
*2　佐藤博史『刑事弁護の技術と倫理』（有斐閣、2007年）206頁。
*3　反対尋問の際に供述調書を証人に示すことが許されるのかについては、供述録取書の提示を禁じた刑訴規則199条の11第1項との関係で問題となりうる。しかし、同条項は、主尋問において伝聞証拠を用いて立証することを禁じた規定と解されるから（同規則199条の3第3項3号参照）、弾劾を目的とする反対尋問で供述調書を示すことは許されると解すべきである。この点については、第7章で詳述することにしよう。
*4　このように調書を尋問者が読み上げるのではなく、証人自身に朗読させる方が自己矛盾を印象づけやすいというメリットはある。モデルとなった実際のケースでも、弁護人は、証人に矛盾供述を読み上げさせて、印象づけに成功している。しかし、他方で証人自身に朗読させると、証人が別のところを読んだり、別の部分を根拠に言い訳を始めたりする危険性がある。反対尋問では、尋問者が証人のコントロールを失うことは極力避けるべきである。その観点からは、本文で例として挙げたとおり、調書の朗読も、尋問者がすることを原則にすべきであろう。
*5　*4でも述べたとおり、証人自身に述べさせるのはコントロールを失う危険があり、原則として避けるべきである。ただし、この例の場合は、答えが右手か左手かという二者択一であること、答えが明確であることなどから、敢えてこのように証人自身に語らせて、印象づけを図ることも十分に考えられるであろう。

コラム NITAメソッドにおける3つのC

全米法廷技術研究所（National Institute for Trial Advocacy: NITA）[*1]は、30年を超える法廷技術の研究実績をもつ。その NITA では、反対尋問における自己矛盾供述による弾劾方法を「3つのC」のステップを踏め、と教えている。3つのCとは、「Commit（肩入れ）」→「Credit（信用情況の付与）」→「Confront（対面）」の頭文字を指す。自己矛盾を示すためには、必ずこの順序でステップを踏めというのである。

すなわち、第1段階は、証人に公判証言に肩入れ（Commit）[*2]させて公判証言を固めさせる。

次に第2段階は、公判証言と矛盾する供述が本来信用できる情況で採取されたことを確認する（Credit）。

第3段階として、証人と自己矛盾供述を対面（Confront）させて、矛盾を確認させる。

この3段階のステップを、Case 2「偽りの目撃者」の中で、被害者が車を飛び出す場面についての弾劾で確認してみよう。

まず、Commit（肩入れ）である。

弁護人　蓋が開いたと同時に、車の外に飛び出していったのですか。
証　人　はい。
弁護人　蓋が開いたと思った時点で、窃盗犯人だと思ったからですね。
証　人　はい。
弁護人　すぐに窃盗犯人を捕まえようと思ったのですね。
証　人　そうです。
弁護人　だから、蓋が開いたと同時に、車の外に飛び出したのですね。
証　人　そうです。
弁護人　その記憶に間違いはないんですか。
証　人　間違いありません。
弁護人　本当は、車の外に出たのはもっと後ではないのですか。
証　人　いいえ。

以上の部分は、「蓋が開いたと同時に車の外に飛び出した」という公判証言に証人自身に肩入れさせ、固めているステップである。ここで、証人は、その公判証言が記憶違いではなく、間違いがないことを念押しされている。
　次にCredit（信用情況の付与）である。

弁護人　事件当日にあなたは警察官から事情聴取を受けましたね。
証　人　はい。
弁護人　当日の何時頃にサインしたんですか。
証　人　午前9時頃ではなかったかと思います。
弁護人　事件から数時間後ですね。
証　人　そうですね。
弁護人　あなたは、そのとき記憶に違うことを説明しましたか。
証　人　いいえ。
弁護人　あなたの説明を警察官が調書にまとめたのではないですか。
証　人　そうでしたね。
弁護人　警察官は、調書にまとめた後、その内容をあなたに読んで聞かせてくれたのではないですか。
証　人　そうですね。
弁護人　あなたはその内容を聞いていましたね。
証　人　はい。
弁護人　あなたはその内容に誤りがないか尋ねられましたね。
証　人　はい。
弁護人　誤りがないということで、最後に署名押印をされたのではないですか。
証　人　そうですね。
弁護人　証人の事件当日付の警察官調書末尾署名指印部分を示します。これは警察で作ってもらった調書で、あなたの署名指印に間違いないですね。
証　人　間違いありません。
弁護人　これは、読んでもらった内容に間違いがないということで署名したんですね。
証　人　はい。

以上の尋問は、すべて事件当日に証人が採取された警察官調書の内容が、証人が正しいとして供述したとおりに記録されていることを確認する尋問である。まさにCredit＝信用情況付与の手続である（ただし、注意が必要なのは、そこでの供述内容が正確であるという意味での信用情況付与ではない[*3]。あくまで証人が正しいとして供述したとおりの内容が記録されている、という意味での信用情況である）。事件直後の取調べで採取されたものであること、その取調べ直後に調書が作成されていること、調書作成にあたり読み聞かせがなされていること、証人自身が内容を確認したうえで署名押印していることなどが確認された。もはや証人としては、警察官調書の内容が、証人自身の供述どおりに記載されたものであることを否定できない。
　最後にConfront（対面）である。

弁護人	同調書の○頁目の○行目を示します。「男の持っている電灯の明かりで明確に工具箱の片方のロックが外され」と書いてありますね。
証　人	はい。
弁護人	次に書いてある部分を続けて私が読みますから、間違いがないか確認をしておいてくださいね。
証　人	はい。
弁護人	「……男はその明かりをたよりにその工具箱の中の物を手に取り、品定めしていることがはっきりと判ったのです」。私は書いてあるとおりに読みましたね。
証　人	……はい。

　以上の尋問は、証人と自己矛盾供述とをConfront（対面）させ、証人自身にその存在を確認させているのである。
　このように、ダイヤモンドルールとして示した反対尋問の手法も、実はNITAが提唱する「３Ｃのステップ」と基本構造はまったく同じだったのである。同じ手法をダイヤモンドルールでは、その確認の仕方を「誘導尋問によって、証人を矛盾へと誘導し、そこにピンで留めた（タメを作った）うえで、矛盾を突きつける」と説明していたのである。

しかし、これは単に説明の違いでは片づけられないであろう。「３Ｃのステップ」は、「Commit」「Credit」「Confront」という同じ頭文字の３つのキーワードを使うことによって、自己矛盾を示すステップそれぞれの性格・位置づけを明確にし、誰もが理解しやすい形に整理したものと言えるからである。この点ダイヤモンドルールの従前の説明は、ステップの意味づけ・整理としては不十分であったと言わざるを得ない。さすが30年以上の歴史をもつNITAと言うべきであろう。

自己矛盾供述を突くルールとして、以下のルールを加えておこう。

・自己矛盾を示すためには３Ｃのステップを踏め。

*1　NITAにおける研修の実際については、髙野隆「法廷技術を教える――NITAの研修に参加して」季刊刑事弁護53号（2008年）56頁、間光洋「法廷技術の教え方――『NITA講師養成研修』参加報告」季刊刑事弁護56号（2009年）104頁に詳しい。
*2　「Commit」は、「Confirm」（確認）と表現されることもある。NITA講師に確認したところ、「Commit」と「Confirm」は同義と捉えてよいとのことであった。ただ、Commitという単語には、「自らがかかわる」というニュアンスがあるので、単なる「確認」より、証人自身に確認させて固めるという、より積極的なイメージがあると思われる。「Commit」を「肩入れ」と訳したのは、筆者（秋田）が知るかぎり髙野隆弁護士であるが、名訳というべきであろう。
*3　日本の刑事手続では、検察官調書が刑訴法321条１項２号後段書面として証拠能力を付与されることが多い。裁判員裁判で、その運用は必然的に見直しを迫られるであろうが、日本の弁護人は、ここで、Creditが、決して「特信性」の付与とならぬように工夫しておかなければならない。

【第3章】取調官の嘘を暴け!

　本章では、自己矛盾を突く以外の供述の弾劾方法として、「客観的事実との矛盾を突く供述の弾劾」が成功した例を見てみよう。

事件の概要

　被告人は、無免許で知人の借りたレンタカーを運転中、職務質問から逃れようとして警察官を振り切って逃げた。その逃走時に警察官に対する暴行があったとして、無免許運転・公務執行妨害罪で逮捕・起訴された。さらにその余罪として、事件の発覚をおそれた被告人は、レンタカーの借主に脅迫を加えたうえで「おれの名を出すな」と告げ、警察に対して嘘の供述をさせたとして、証人威迫・強要罪で再逮捕・起訴された。
　取調官は、証人威迫・強要罪について、被告人の自白調書を作成していた。しかし被告人は、公判で脅迫の事実を否認したうえで、この自白調書について、「証人威迫・強要について否認をすると保釈はない。認めれば保釈もきくし、刑期もそう長くない」などという露骨な利益誘導を受けて、やむをえず虚偽の自白をしたものだと訴えた。
　公判ではこの自白調書の任意性が争われ、取調官の証人尋問が行われた。

取調官の主尋問での供述

　主尋問において、取調官は当然のことながら、このような利益誘導の存在を否定した。「再逮捕をした後、証人威迫・強要について取調べを行ったが、取調べを通じて、被告人の態度は全体的におとなしかった。再逮捕のときの

弁解録取の時点で、被告人はすでに事実を認めていた」というのである。以下、主尋問の主要部分である。

検察官　再逮捕の弁解録取のときに保釈の話はなかったのですか。
証　人　はい。
検察官　逮捕状を読んで、被疑者は事実と違うというような話を何もしなかったんですね。
証　人　はい。
検察官　取調べ全体を通じてはどうですか。あなたが被告人に「否認したら保釈はない、認めたら起訴と同時に保釈もありえる」という話をしたことはありますか。
証　人　それはありません。
検察官　被告人が保釈を気にしていたという様子はありましたか。
証　人　それはあったと思うんです。
検察官　では、あなたは保釈を条件に、この調書に署名押印をしなさいと言ったことはありますか。
証　人　ありません。
検察官　本件全体を通じてどうですか。
証　人　ありません。
検察官　取調べの過程で「保釈」という言葉ぐらいは出ましたか。
証　人　いえ、出ていません。

陥りやすい失敗例──獲得目標を誤った尋問

　主尋問の証言は、被告人から利益誘導があったことを聞いている弁護人にとっては「嘘ばかり」であるのだが、裁判所にはきわめて自然に聞こえるものだろう。弁護人は、取調官の嘘を暴こうと熱く迫りたくなる場面である。このような場合に陥りやすい失敗例は以下のような尋問である。

弁護人　先ほどあなたは、被告人に対して保釈の話をしたことがないと言いましたが、あなたは本当に保釈の話をしなかったのですか。
証　人　はい。

❶弁護人　被告人は、「刑事に『否認したら保釈はない、認めたら起訴と同時に保釈もありうる』と言われた」と言っているのですが、それはどうしてなんでしょうか。
　証　人　被告人が嘘をついているんじゃないですか。
❷弁護人　被告人ではなく、あなたが嘘をついているんじゃないですか。
　証　人　いやあ、まさか。
　弁護人　被告人は、素直に罪を認めたのですか。
　証　人　はい、そうです。
❸弁護人　本当は、証人威迫と強要についての逮捕状を読み上げる際に、あなたが保釈の話をしたのではないですか。
　証　人　していないとさっきから言っているじゃないですか。
❹弁護人　でも、被告人は、仕事を立ち上げたばかりで、長く身体を拘束されていたらとても困る状態だったんですよ。被告人が保釈のことを気にしているのは当たり前でしょう。
　証　人　私は、被告人の心情は知りませんが、そんな大変な状況だったら早く出たかったかもしれないですね。
❺弁護人　被告人が否認したから、保釈を餌にして無理やり認めさせたんじゃないんですか。
　証　人　被告人は早く出たがっていたのかもしれませんが、だからといって、私がそれを餌に自白させたということにはならないと思うのですが……。
　弁護人　あなたは、検察官の主尋問に対して、「被告人が保釈を気にしていた様子はあったと思う」と答えましたね。
　証　人　はい。
　弁護人　被告人のどんな様子を見て「保釈を気にしていた」と思ったのですか。
　証　人　まあ、全体的な雰囲気とかですね。
　弁護人　どんな雰囲気だったんですか。
　証　人　だから保釈を気にしているような雰囲気です。
　弁護人　「保釈を気にしている雰囲気」がどんなものだったかを聞いているんです。被告人は、何かそのような言葉を言ったのですか。
　証　人　いや、言ってないです。

❻弁護人	そうしたら、どうしてそんな雰囲気がわかったんですか。
証　人	私も長いこと取調べやってますんでね。わかるものはわかるんですよ。
❼弁護人	何か言ったんでしょう。言ってないならわかるはずがないじゃないですか。じゃあ聞きますが、否認してるけど、外に出たがっている被疑者に対して、保釈で出られるという話をしたら自白するかもしれない、ということは考えませんでしたか。
証　人	まったく考えませんでした。
❽弁護人	被告人は、否認しているけど保釈で出たがっていたわけです。保釈を餌につったら、自白をとれるかもということは、誰でも思うでしょう。私が取調官なら、そう思います。あなたは違うのですか。
証　人	いや、むしろ逆ですね。私どもも取調官として教育を受けておりますので、被告人が保釈を気にしていたからこそ、利益誘導が疑われることのないように、「保釈という言葉を使わないでおこう」といつも以上に気を引き締めたのです。
弁護人	そんなのは今思いついた言い訳でしょう。
証　人	いえ、だから私は初めから保釈という言葉を使っていないと言っているじゃないですか。
❾弁護人	ということは、被告人は保釈のことを気にしていた様子はあったけれども、あなたはことさらに保釈という言葉を使わないように意識していたというのですか。
証　人	はい。
❿弁護人	本当ですか。
証　人	ええ、本当です。

　この尋問では、結局「利益誘導がなかった」とする警察官と押し問答になっているだけであり、何の成果も得られていない。この尋問では、「獲得目標」が「警察官に『嘘をついていました』と正面から認めさせること」になってしまっているからである。「利益誘導はなく、調書には証拠能力がある」ことを証言するために法廷に来た取調官が、そう簡単に「すみません、さっきまでの証言は嘘でした」などと言うはずがない。このような獲得目標を設定して

も成功するはずもないのである。

　この尋問では、前回に説明した「なぜとは問うな」ルールに反し正面から理由を聞いて言い訳の機会を与えてしまっている（❶、❻）。また、「はい」と答えるはずのない無意味な質問をしている（❷、❸、❺、❽）。さらに、証言は証人の口から出なければ意味がないのに、弁護人の意見の主張・押し付けもみられる（❹、❼、❾）。実際にこのような尋問をすれば、検察官からの異議が避けられないであろう。挙句の果てには取調官の主尋問の証言につじつまの合う弁解を引き出し、その結果を固めてさえいる（❽、❾、❿）。

実際に行われた反対尋問――成功例

　これに対し、実際に行われ、供述の弾劾に成功した尋問例をみてみよう。

⓫弁護人　再逮捕から、起訴されるまでの間、あなたと被告人との間の会話の中で、保釈という言葉は出たことがないわけですね。

　証　人　はい。

⓬弁護人　ところで、あなたが被告人の取調べをしたのは、主任として取調べをするようになって２年が経過した頃のことですね。

　証　人　はい。

⓭弁護人　あなたが取り調べた被疑者の数は、かなりの数になりますね。

　証　人　はい。

⓮弁護人　あなたは、刑事になるまでに、何回も昇進試験を受けてきましたね。

　証　人　はい。

⓯弁護人　昇進試験受験のために、法令等の勉強はしましたね。

　証　人　はい。

⓰弁護人　犯罪捜査規範を知っていますか。

　証　人　もちろんです。

⓱弁護人　この中に取調時の心構えに関する規定があることは知ってますか。

　証　人　はい。

⓲弁護人　167条３項の「取調べにあたっては、言動に注意し、相手方の年

　　　　　　令、性別、境遇、性格等に応じ、その者にふさわしい取扱いをする
　　　　　　等その心情を理解して行わなければならない」という規定は読ん
　　　　　　だことがありますね。
　　証　人　はい。
❾弁護人　あなたは、取調べのとき、いつも、被疑者の心情を理解しようと
　　　　　　心がけていますか。
　　証　人　はい。
❷⓪弁護人　被告人に対する取調べのときも、心情を理解しようと心がけまし
　　　　　　たね。
　　証　人　はい。
㉑弁護人　心情は理解できましたか。
　　証　人　ある程度は。
㉒弁護人　心情を理解するために、事件の内容と直接関係のない話もします
　　　　　　よね。
　　証　人　はい。
㉓弁護人　被告人の健康状態は聞きましたか。
　　証　人　はい。
㉔弁護人　被告人の仕事の内容は尋ねましたか。
　　証　人　はい。
㉕弁護人　家族の状況は、尋ねましたか。
　　証　人　はい。
㉖弁護人　被告人の心を開かせるために、雑談もしましたよね。
　　証　人　はい。
㉗弁護人　あなたは、剣道3段ですね。
　　証　人　はい。
㉘弁護人　空手もやっておられるのですね。
　　証　人　はい。
㉙弁護人　柔道も2段をもっておられるのですね。
　　証　人　はい。
㉚弁護人　機動隊の特殊部隊におられたこともあるのですね。
　　証　人　はい。
㉛弁護人　あなたは、取調べのとき、被告人に、これらのことを話したので

　　　　　はないですか。
　　証　人　話した記憶はあります。
㉜弁護人　被告人は、今の内妻との間に子どもができたことを話していたでしょう。
　　証　人　はい。
㉝弁護人　被告人は、その子を認知したいと話しましたか。
　　証　人　してました。
㉞弁護人　被告人は、自分の母親のことについて話してましたか。
　　証　人　はい。
㉟弁護人　その母親は、高齢と病気で、ひとりでは歩くのもつらいと言ってませんでしたか。
　　証　人　そんなことを言っていたと思います。
㊱弁護人　母親の世話は誰がしている、と言ってましたか。
　　証　人　姉がしていると言ってました。
㊲弁護人　その姉が病気だという話は聞いたでしょう。
　　証　人　聞いたような気もします。
㊳弁護人　被告人は、自分の体のどこが悪いと言っていましたか。
　　証　人　肝臓が悪いと言っていました。
㊴弁護人　医者から入院を勧められてると言っていなかったですか。
　　証　人　言っていたと思います。
㊵弁護人　被告人の仕事の内容について聞きましたね。
　　証　人　はい。
㊶弁護人　どんな商品を扱っていると聞きましたか。
　　証　人　化粧品とか言ってました。
㊷弁護人　有名なドラッグストアに卸している、という話は聞きましたか。
　　証　人　はい。
㊸弁護人　あなたは、勾留請求のときに、私にメモを渡してくれたことを覚えていますか。
　　証　人　はい。
㊹弁護人　メモの内容は、被告人の取引先の社長の連絡先でしたね。
　　証　人　そうだったと思います。
㊺弁護人　被告人が私に、社長に急いで連絡をとってほしいと頼んだのでし

たよね。

証　人　はい。

㊻弁護人　被告人の仕事は、順調だと言っていましたか。

証　人　なんか、ぽしゃったとか言っていました。

㊼弁護人　ぽしゃった理由は言っていましたか。

証　人　売掛金が回収できないとかと言っていました。

㊽弁護人　被告人は、自分で売掛金を回収せなあかん、と言っていたでしょう。

証　人　はい。

弁護人　あなたは、取調べのとき、被告人の心情は理解できたと言いましたね。

証　人　ある程度は。

㊾弁護人　取調べのとき、被告人が一番気にしていたことは何ですか。

証　人　今、言われても、すぐには……。取調べは長いですからね。いろいろあったと思います。

㊿弁護人　被告人は、いつ、外に出られるか、ということを気にしていませんでしたか。

証　人　外、ですか……。

(51)弁護人　内妻と子どもに早く会いたい、と言っていませんでしたか。

証　人　さぁ……。

(52)弁護人　認知しないといけない、と言っていませんでしたか。

証　人　わかりません。

(53)弁護人　母親の面倒をみないといけない、と言っていませんでしたか。

証　人　どうでしょう……。

(54)弁護人　自分が売掛金を回収しにいかなあかん、と言っていませんでしたか。

証　人　覚えていません。

(55)弁護人　取調べでは保釈の話は出なかったということでしたね。

証　人　……はい。

(56)弁護人　あなたは、検察官から「被告人が保釈を気にしていたという様子はありましたか」という問いに対し、「それはあったと思うんです」と答えていますね。

証　人　はい……。

　いかがであろうか。質問のほとんどは取調べの際の「雑談の内容」について尋ねたものである（㉓〜㊽）。証人が「なぜこのような質問をされるんだろうか」と思いながら「はい。はい」と答えていくうちに、「取調官と被告人は、取調べの際、こんなにも事件と関係のない話をしていたのだから、被告人が一刻も早く保釈で外に出たいと思っている事情についても話していたのであろう」という事実が浮かび上がってきた。その結果「『保釈』という言葉すら出ていないという証言はおかしい」という推認が働き、証人の嘘が「浮き彫り」になっているのである。
　このように反対尋問が成功し、実際の事件で裁判所は、被告人の警察官調書について「被告人は、……警察官から、被疑事実に対する認否が保釈の成否の決定的な分かれ目である旨を告げられ、保釈を得たい一心で自白に至った可能性、ひいては、警察官が、その点を殊更に利用して、自白の獲得を図った可能性を否定できない。したがって、被告人の警察官に対する自白、あるいは、不利益事実の承認には、任意性に疑いが残るものとして、証拠能力を認めることはできない……」と判断して、検察官の証拠請求を却下した。

成功例に用いられたテクニック

　このケースは、「反対尋問の目的は供述の弾劾である」という前提の下、まず、「被告人と取調官は事件以外の話もたくさんしていた。取調官は被告人から外へ出たいという事情に関しても聞いていた」という客観的事実と、警察官の「保釈という言葉すら出ていない」という証言が矛盾しているところを突く、という獲得目標を設定している。
　そして、「事前に逃げ道（弁解の余地）を塞げ」に則り、保釈の話が出ていないという嘘の証言を冒頭で固め（⓫）、さらに被告人の心情を理解できたと言わせている（⓱〜㉑）。証人はこれにより、㊾以下の尋問に対する回答に窮している。
　また、証人がほとんど「はい」としか答えさせてもらえていないことから明らかなとおり、誘導尋問で尋問が組み立てられている（「誘導尋問をせよ」）。⓫〜㊽はほとんどが誘導尋問である。誘導尋問の有用性については前

【第3章】取調官の嘘を暴け！

章で詳述したとおりであるが、これらの尋問により、証人は矛盾へと追い込まれている。

　さらに、その誘導尋問で聞いている内容にも着目してほしい。すべて取調べ時の具体的な会話内容、すなわち「事実」ばかりを聞いている。失敗例に見られたような「意見・評価の押し付け」は一切ない。しかも、「保釈の話が出たか否か」については直接聞かずに、「取調べ時の雑談の内容」という周辺の事実ばかりを聞いている。これは、先ほども述べたとおり、正面から利益誘導をしたと認めるはずのない証人に対して利益誘導の有無を問うても無意味であることから、あえて「矛盾する周辺事実」を積み上げているのである。押し問答をすることによってではなく、その矛盾する事実が積み重ねられること自体に、雄弁に語らせ、証言を弾劾しているのである。

　ここに、新たに以下の反対尋問のテクニックを抽出することが可能となった。

- 証人とは論争をするな。
- 矛盾する周辺事実を積み重ねよ。
- 事実に語らしめよ。

嘘の防御ラインと田原坂ルール

　この「矛盾する周辺事実を積み重ねよ」というルールを考える際、意識しておくべきことがある。嘘は大げさにつかれるものだということである。

　この事例では、証人が主尋問でエラーを犯しており、そのエラーを見逃さなかったところが尋問の成功には不可欠だったといえる。証人のエラー——「保釈という言葉すら出ていなかった」という大げさな嘘である。もし、証人が主尋問で「被告人は保釈で出たいとずっと言っていました。しかし、私はだからこそ取調官の心構えを肝に銘じて、利益誘導が疑われるようなことを言わないよう気をつけたのです」と証言していたら、この証言は非常に崩しにくかったであろう。

　しかし、おそらくこの取調官は、「保釈を餌に利益誘導をした、と言ってはならない」と警戒するあまりに「嘘の防御ライン」を上げすぎてしまったのである。上がりすぎた防御ラインは、突破もしやすい。弁護人はそこをつい

たのである。

　このように言うと、この尋問の成功は、敵失に恵まれた珍しい例と聞こえるかもしれない。しかし、実はそうではない。嘘をつく人間の心理というものは、ついつい防御ラインを上げてしまう＝大げさに嘘をついてしまう、というものだからである。熊本で実際に起こったある別の事例を紹介しよう。

　被告人によれば、逮捕され、警察署に護送される途中に警察官から凄絶な暴行を受けたという。被告人の訴えるその暴行は、西南の役で熊本城攻防の激戦地として有名な「田原坂」にある駐車場内で、地面に転がされ、口の中に拳銃を突っ込まれるなどという想像を絶するものであった。

　公判で、暴行を加えたとする警察官が証人として出廷した。当然証人は暴行など行っていないと証言した。そして、「田原坂というところには行ったこともない」とまで証言したのだ。

　それに対して行われた弁護人の反対尋問は、以下のようなものであった。「あなたの生まれはどこですか」「幼稚園はどこですか」「小学校はどこですか」「ずっとそこで育ったのですか」「幼稚園の遠足はどこに行きましたか」「小学校の１年生の遠足はどこに行きましたか」「２年生の遠足はどこに行きましたか」「林間学校はありましたか。どこに行きましたか」……。

　このように次々と聞いていくと、熊本県で生まれ育った当該警察官は、熊本中に行ったことがあるのに、なぜか「田原坂にだけは行ったことがない」ということになってしまったのである。その証言が信用できないことは明らかであろう。

　これも、先の事例とまったく同様である。取調官が「田原坂で暴行があったことを絶対に認めてはならない」と警戒するあまりに、「嘘の防御ライン」を上げすぎてしまったのである。

　刑事事件を離れてみても、たとえば、妻から浮気を追及された夫は「ふたりで食事には行ったが浮気はしていない」と嘘をついてもいいところを、つい「ふたりで会ったことすらない」などと言いがちではないだろうか。「浮気はしていない」という部分のみ嘘をついたとしたら、その嘘を崩すのは非常に困難である。しかし、「ふたりで会ったことすらない」と弁解していたのに、妻にポケットからでてきたふたり分の食事のレシートを突きつけられたらどうなるであろう。さらにその前に「その日は残業だった」などとピンで留められていたら、その後の修羅場は想像に難くない。

弁護人としては、このような証人のエラーにすかさずつけこむべきなのである。
　以下のルールを付け加えておこう。

・嘘をつく人間は防御ラインを上げる（大げさに嘘をつく）ことを意識せよ。

　そして、反対尋問では、その嘘の防御ラインと矛盾する周辺の事実を積み重ねることが、重要なテクニックとなる。たとえていえば、反対尋問では、ターゲット（的）そのものを撃つのではなく、ターゲットの周辺を撃ちまくるのである。このようにひたすら周辺事実を積み上げることで、嘘の防御ラインを突破することを、ダイヤモンドルール研究会では先の尋問例にちなんで「田原坂ルール」と呼んでいる。もっとも「田原坂」の尋問例は、答えの明らかではないオープンな質問で組み立てられている点で、反対尋問のルールには必ずしも整合していない。しかし、「田原坂ルール」を生んだこの尋問の歴史的な意義は、決して失われることはないであろう。

・反対尋問では、ターゲット（的）ではなく、その周辺を撃て（田原坂ルール）。

【第4章】
目撃者は本当に目撃していたのか？

事件の概要

　引き続き、証言と客観的状況との矛盾を示す方法について、考えてみよう。
　事例は、公務執行妨害事件である。よく問題となる目撃者の証言である。被告人は、交通検問をしていたT巡査に、シートベルト不装着で停止を求められ、近くの交番に任意同行を求められた。交番内で、被告人とT巡査は、シートベルト装着の有無をめぐって口論になり、立腹した被告人が、いきなりT巡査を殴りつけたとして、公務執行妨害罪で逮捕・起訴された。
　事件当時、被告人とT巡査は机を挟んで正対して座っていたが、T巡査は下を向いていて、殴られた瞬間は見ていない。問題になったのは、T巡査の隣に座って、他の違反者H氏に職務質問をしていたJ巡査の証言である（右図参照）。J巡査は、被告人が急に立ち上がってT巡査を殴りつけるのを目撃したというのである。その目撃場面についての主尋問は、以下のようなものであった。

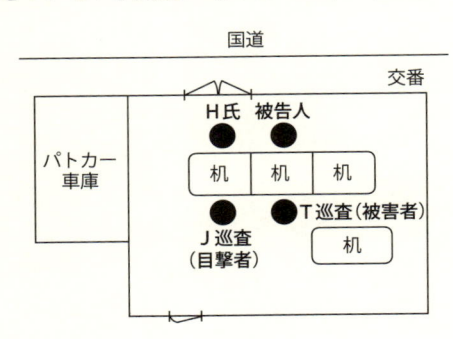

主尋問

検察官　あなたが交番の中に入ったときには、T巡査と被告人が交番内にすでに入っていたんですね。

証　人　はい、入っていました。
検察官　証人が交番の中に入っていったときには、どんなやりとりをしていましたか。
証　人　被告人が、T巡査に、税金泥棒などと文句を言っていました。
検察官　それに対して、T巡査はどのような応対をしていましたか。
証　人　文句は言っていなかったと思います。
検察官　証人は、交番の中に入ってどうしたんですか。
証　人　Hさんに椅子に座っていただきまして、人定を確認し始めました。
検察官　証人はどこに座ったんですか。
証　人　自分は、Hさんの机を隔てた前に座りました。
検察官　T巡査の左側ですね。
証　人　はい。
❶検察官　証人は、隣のT巡査と被告人とのやりとりは見ていましたか。
証　人　ちらっと横に、たまに横に見ながら、自分としてはHさんの人定確認をするのが先決でしたので、そちらのほうをしながら、たまに横を見ながらやっておりました。
検察官　その後、その被告人とT巡査とのやりとりで、どんなことが起こりましたか。
証　人　自分が、ときたまちらっと見ながらやっていたんですけれども、ちょうどちらっと横を見たときに、被告人が立っておりまして、急に、右手でT巡査の左側頭部辺りだったと思いますが、一発殴ったのを見ております。
検察官　拳だったのか平手だったのかということはわかりましたか。
証　人　それは一瞬の出来事でしたので、見えませんでした。
検察官　殴った殴り方なんですけれども、どんな殴り方だったんですか。
証　人　上から振り下ろすような、斜めから振り下ろすような殴り方であったと思います。
検察官　そういう状態を見て、証人はどういう行動をとったのですか。
証　人　自分としては、これはすぐに止めに入らなければいけないと思いまして、すぐに被告人を止めにいきました。
検察官　どうやって止めにいったのですか。

証　人　被告人の後ろに回りまして、肩を押さえたと思います。

仮想反対尋問――失敗例

この主尋問に対し、どのような反対尋問が適当であろうか。

これまでにも見てきたとおり、よくなされる失敗は、証人に直接的に疑問をぶつけた結果、証人と押し問答をしてしまう反対尋問である。たとえば、以下のような反対尋問がその典型であろう。

❷弁護人　本当に暴行シーンを目撃したのですか。
　証　人　見ました。
　弁護人　拳か平手かがよくわからなかったのでしょう。
　証　人　それはよくわかりませんでした。
　弁護人　一瞬のことだったからだということでしたね。
　証　人　はい。そうです。
　弁護人　その一瞬の場面をたまたま見たというのですか。
　証　人　はい。そうです。
❸弁護人　不自然ではありませんか。
　証　人　先ほども申し上げたとおり、ときどきちらっと見ていましたから。
❹弁護人　ちらっと見る必要などないでしょう。
　証　人　被告人が、税金泥棒などと言っておりましたので、どうしても気になりました。
❺弁護人　本当ですか。
　証　人　本当です。

どうであろうか。この尋問では、❷や❸、❺などで、直接的に疑問をぶつけている。しかし、そのたびに、尋問者は、証人に疑問を否定されてしまっている。さらに、❹では、「ちらっと見た」理由を、それなりに説明されてしまっている。これでは、主尋問を固めてしまっただけである。典型的な「塗り壁」尋問といえるであろう。

このように、反対尋問では、「本当に見たかどうか」といった疑問をスト

レートにぶつけるべきではない。否定されるのが落ちだからである。考えてみれば、検察官証人は、このような疑問を否定するために出てきた証人である。むしろ、否定するのが当然の帰結とさえいえる。そして、このような疑問は、否定されてしまえば、それまでである。後は、せいぜい水かけ論をするのが関の山となってしまう。これでは何の弾劾にもならない。

実際に行われた反対尋問——成功例

それでは、このような場合どのようにすればよいのか。実際に行われた反対尋問を見てみよう。

弁護人　あなたはHさんの人定質問中でしたね。
証　人　はい。
弁護人　T巡査の真横に座っている形ですね。
証　人　はい。
❻弁護人　人定質問をするときのあなたの姿勢ですけれど、目の前にノートを広げておられたんですね。
証　人　はい。
❼弁護人　そのノートに書き込みながらやっていたのですか。
証　人　はい。
❽弁護人　その最中に事件は起こったんですね。
証　人　はい。
❾弁護人　質問をするときに、あなたの調書によれば、あなたは前のほうに身を乗り出していたということですね。
証　人　はい。
❿弁護人　隣の声がうるさいので聞き取りにくいので、顔をHさんのほうに近づけたと、そうおっしゃってますね。
証　人　はい。
⓫弁護人　肘を机の上に乗せているという状況でしたね。
証　人　はい。
⓬弁護人　さらに顔を前の方に出す状況であったと、そういうことですね。
証　人　はい。

⓭弁護人　Hさんのほうを向いて話をしておられましたね。
　証　人　はい。
⓮弁護人　あなたの警察での調書では、Hさんも何度も身を乗り出すようにしておりましたという記載があるんですけど、記憶にありますか。
　証　人　……はい、Hさんも、ときおり身を乗り出していました。自分の声も聞こえないようでしたので。
⓯弁護人　要するにお互いに顔を近づけあって、やりとりをし合うというような感じだったんですね。
　証　人　はい、でも基本としては、自分が身を乗り出して聞くという感じだったと思います。
⓰弁護人　被告人の暴行を振るう前の手の位置なんですけども、どこからどういう形で動き始めたんですか。
　証　人　……よく覚えておりません。手の位置までは。
⓱弁護人　それから、殴った後の手の位置というのは覚えてますか。
　証　人　それも覚えておりません。
　弁護人　T巡査の状況を、覚えてますか。
　証　人　右手で被告人の肩を掴み始めたところまでは見ております。
　弁護人　あなたは、被告人がT巡査に暴行を振るうとは、全然予想していなかったわけですね。
　証　人　はい。
⓲弁護人　T巡査がのけぞったという状況を見ましたか。
　証　人　のけぞったところは見ておりません。覚えておりません。
⓳弁護人　殴られた反動によって、顔がどちらかに向いたか見ましたか。
　証　人　それも見ておりません。
⓴弁護人　帽子が動いた状況というのは、見ていますか。
　証　人　それもよく覚えておりません。
㉑弁護人　眼鏡が動いたという状況は、見ていますか。
　証　人　それも覚えておりません。

　どうであろうか。この反対尋問によって、J巡査は、実は、暴行の状況をよく見ていなかったという疑問が生じたであろう。どうしてこうなったのであ

ろうか。成功例と失敗例とは、どこが違うのであろうか。

実際に行われた尋問はなぜ成功したのか

　すぐに気づくのは、失敗例では、Ｊ巡査が、暴行の場面を見たかどうかについて直接尋ねているのに対し、成功例では、目撃の有無そのものは確認していないことである。では、成功例では何をしているのであろうか。

　その答えは難しいものではない。暴行目撃の有無を尋ねる代わりに、目撃状況の周辺事実を聞いているのである。すなわち、成功例では、①暴行時のＪ巡査の姿勢（❻〜⓯）、②暴行直前の被告人の手の動き（⓰）、③同じく暴行直後の被告人の手の動き（⓱）、④暴行直後のＴ巡査の様子（⓲〜㉑）などを立て続けに、確認している。その結果、本件では、①暴行時Ｊ巡査が、身を乗り出していたこと（⓯）、②Ｊ巡査は、暴行直前の被告人の手の動きを見ていないこと（⓰）、③暴行直後の手の動きも見ていないこと（⓱）、④暴行直後のＴ巡査の様子もまったく見ていないこと（⓲〜㉑）など、Ｊ巡査が、暴行場面を目撃していたとする主尋問証言と、明らかに矛盾する事実が積み重ねられることとなったのである。

　このような尋問に対しては、本件では、証人が馬脚を現したからよかったものの、主尋問を固める危険性もあるのではないかとの批判がありえよう。確かに、Ｊ巡査が、これらの問いにすらすらと答えてしまえば、反対尋問としては失敗したであろう。その意味で、この反対尋問は、結果オーライのようにも見える。

　しかし、弁護人がこのような尋問をしたのには、それなりの理由があった。すなわち、まず第１に、再現をしてみればわかるが、Ｊ巡査の位置は、Ｔ巡査の間近とはいえ、その視野から言えば、Ｔ巡査が殴られた部位は、その死角となっている。まさに「灯台もと暗し」である。しかも、❾や⓮の尋問で聞いているように、捜査段階のＪ巡査の供述調書には、身を乗り出していたと記載されている。そうであれば、なおさら暴行シーンは、Ｊ巡査の視野に入ってこなかったはずである。

　もちろん、Ｊ巡査はこの点について、一定の弁解をしている。「ちらちらと見ていた」という弁解である（主尋問❶〔58頁〕参照）。そして、この弁解を正面から批判しても、「見ていた」と言われてしまうだけのことである（失敗

例の❹〔59頁〕参照）。ではどうすればよいか。ねらい目は、Ｊ巡査の供述は、一方で暴行を目撃したとしながら、その周辺状況に関して、なんら具体性がないということである。主尋問もそうであるし、Ｊ巡査の供述調書にも、周辺状況についての記載はまったく出てこない。ここから、Ｊ巡査は、実際には暴行も目撃していなかったのではないかとの推測が、十分に成り立ったのである。そうである以上、「Ｊ巡査は、周辺事実については、目撃状況を合理的に説明できないはずだ」と推論することが可能となる。この反対尋問は、その推論が見事に的中したものだったのである。

決して、結果オーライではない。事前に合理的な推論があったからこそ、反対尋問が成功したことは間違いないであろう。

矛盾する周辺事実を積み重ねよ！

今回の事例からルールを抽出してみよう。まず、次の２つである。

- 証人に直接疑問をぶつけるな。
- 証人とは論争をするな。

直接疑問をぶつけても、否定されるだけである。水かけ論がせいぜいであろう。その結果、かえって主尋問を固める「塗り壁尋問」にもなりかねない。いずれにしても、直接疑問をぶつけるだけでは、反対尋問の目的である証言の弾劾はできない。

では、どうすべきか。主尋問証言と矛盾する周辺事実を積み重ねていく、これこそが反対尋問の秘訣のひとつである。実は、これは、第３章の保釈の利益誘導をめぐる反対尋問の例とまったく同じテクニックである。再度確認しておこう。

- 矛盾する周辺事実を積み重ねよ。

反対尋問――実践編

【第5章】
動かぬ証拠に証人は……
──シミュレーションのこつ

　反対尋問の準備をしていても、尋問の準備段階で何をよりどころにするか確信が持てないことも多いのではないだろうか。反対尋問の準備段階での考察が、功を奏した事案を紹介し、効果的な反対尋問のためにどのような考察が必要なのかを考えてみたい。

事件の概要

　事案は、実際に無罪となった営利目的の覚せい剤譲渡事件である。

　被告人によれば、本件にはまったく身に覚えはなく、事件は捜査機関によるでっち上げだという。しかし、被告人は、取調時に刑事から凄絶な暴行を受け、やむなく刑事の誘導に乗る形で「Nに対し、覚せい剤300グラムぐらいを売った」と、「虚偽自白」をしてしまったというのである。このため、自白の任意性が徹底的に争われ、被告人を取り調べた刑事の尋問が行われることになった。当然、取調べ刑事が証人尋問で暴行の事実を認めるはずもない。暴行の有無を正面からぶつけても、せいぜい水かけ論である。任意性を争う事案で、弁護人が取調べ刑事に対して反対尋問を行う際、何を手がかりにすればいいのかすらつかめない場合もあるのではなかろうか。

　この事件では、取調べ刑事に対する反対尋問が奏功し、自白の任意性が否定された結果、被告人は無罪となった。では、本事例で弁護人は、いったいどのようにして、取調べ刑事の証言を弾劾したのであろうか。

弁護人の着目点は？

　弁護人が着目したのは、被告人の供述調書の訂正部分である。資料1（72頁）はその調書を再現したものである（当時の調書は縦書きである）。

　たとえば、覚せい剤の量は、当初「三〇〇グラム位」と記載されたものが、「二〇〇グラム位」に訂正されている。値段については、当初「一グラム一万五〇〇〇円」とされていたものが、いったん「一グラム一万二〇〇〇円」に変更され、さらに「一グラム一万一〇〇〇円」へと再度訂正されている。

　この調書だけを見れば、さりげない訂正である。実際、ほとんどの弁護人は、ざっと調書を読んだだけでは、これらの訂正に着目することもなく、漫然と読み流してしまうであろう。

　しかし、本件の弁護人は、そうではなかった。これらの訂正がきわめて重大であることに気づいたのである。この点は、具体的な覚せい剤取引をイメージすればわかるであろう。砂糖や塩を売買しているわけではない。覚せい剤100グラムといえば、それだけで莫大な量である。代金から見ても、100グラムの差は、100万円を超えるものとなる。グラム当たり4,000円の違いも、300グラムの取引となれば、100万円を超える代金の差となる。実際に覚せい剤の取引をした者が、このような大きな差を誤って、しかも2度までも誤って供述するはずがない。このようなイメージを持てば、これらの訂正が作為的であるとの推測が可能となる。

　さらに、弁護人が注目したのは、譲受人Nの供述である。Nは、被告人がこの調書を作成された後に、警察で取調べを受け、「被告人から、1グラムあたり1万1,000円で、200グラム買った」との供述調書が作成されたのである。弁護人は「被告人調書の訂正は、Nの供述に合わせて、事後的に改ざんされたものではないか」との疑いを持ったのである。

　しかし、実は本件では、この疑問に突き当たっただけでは十分ではない。弁護人は、謄写した記録を検討するだけではなく、調書の原本を閲覧した。その結果、弁護人は、新たな事実を発見したのである。この事実は、具体的に尋問の内容を検討するなかで明らかにしよう。以下では、取調べ刑事の反対尋問において、弁護人が、この「訂正された調書」という客観的証拠をどのように利用し、何を獲得したかを具体的に見ていくことにしよう。

事前に逃げ道を塞げ

　今までに繰り返し述べてきたことであるが、ここで初めから訂正された調書を突きつけて「この調書の訂正部分ですが、2回も金額が訂正されていますね」などという質問をしてはならない。まず初めに必要となる尋問は「ピンで留める（事前に逃げ道を塞ぐ）」ための尋問である。本件では、次のように尋問が行われた。

　　弁護人　調書を作成するときは、1つ1つ質問をして、答えを聞いて、その都度調書に書いていくのですか。
　　証　人　いえ、下調べ的に大まかなことをまず聞いて、また作成する際、確認しながら書いていきます。
　　弁護人　ひととおり全体の流れを聞いて、全部調書に書いてから読み聞かせるのですか。それとも、項目ごとに事情を聞いて、その部分を調書に書いて、また別の項目を聞いて書いて、というのを繰り返すのですか。
　　証　人　後のほうですね。
　　弁護人　項目ごとに聞いて書くのですね。
　　証　人　はい。とりあえず全体的な流れは初めに聞きますけれども、その都度、たとえば金額的なものでしたら「この金額か」と聞いて、本人が記憶をたどって答えて、調書に録取します。
　　弁護人　すると金額などは、その都度聞きながら、言ったとおりのことを書いていったということですか。
　　証　人　はい。

　ここで弁護人は、証人に対し、直ちに訂正経過について問い質していない。まず一般論として調書をどのような流れで作成するのかを尋ね、「金額などは項目ごとに聴取・確認して記載し、その都度調書に記載した」との証言を引き出している。さりげない尋問であるが、この証言を引き出したことは重要である。そのように項目ごとに聴取され、作成されたものである以上、少なくとも「金額」について、被疑者の言い分が正確に録取されているはずである。そのような重要な項目について、訂正をすること自体が不自然だとい

うことになる。

　しかし、だからといって、いきなり肝心の訂正部分を示して、「ではなぜ、この部分は訂正しているのですか」などと質問をしてはならないことは、本書の読者にはすでにおわかりであろう。そんな質問をすれば、証人は、必死で弁解をしてくることになろう。

　では、本件の弁護人は、どうしたであろうか。

弁護人　調書の訂正は、どのような方法でしますか。
証　人　訂正する部分を二重線で消して、書き直して、そこに判子を押すという方法です。
弁護人　欄外には何か書きませんか。
証　人　訂正した文字数を「加何字削何字」と書きます。
弁護人　その方法で訂正をする場合、訂正を署名指印を受けた後にすることはありますか。
証　人　ありません。
弁護人　署名指印をさせる前に、すべて字句の訂正は終わっているということなんですね。
証　人　そうです。訂正するとしたら、読み聞けをして本人に確認して、署名させる前です。
弁護人　被疑者がいないところで勝手に訂正したことはないですか。
証　人　ありません。

　おわかりであろうか。具体的な訂正箇所についての尋問をぶつける前に、訂正方法そのものを聞いている。ここで確認をした加除訂正の方法が、後の尋問で重要な意味を持ってくる。それだけではない。ここで弁護人は、心憎いピン留めを行っている。

　さらに尋問の続きを見てみよう。

弁護人　（証人作成の被告人の供述調書を示す）「三四〇〇万円くらい」というものが訂正されて、「三五〇〇万円くらい」となっていますが、「四」が削られて「五」に変えられて、欄外に「加一字削一字」とありますね。

【第5章】動かぬ証拠に証人は……──シミュレーションのこつ

証　人　はい。

弁護人　この「加一字削一字」も被疑者の面前でしたということになるわけですね。

証　人　はい。

弁護人　この「三五〇〇万円くらい」と訂正した後に、実は3,500万円でもなくて3,600万円だったということがわかったら、どういうふうに訂正するのですか。

証　人　また、その後消して訂正するかもしれないですね。

弁護人　その場合、「五」を削って「六」に訂正したら、欄外の「加一字削一字」もそのままではいけなくて、その記載も直さなければならないのですよね。

証　人　そうですね。……まだ調書の作成途中ですから、後で訂正印を押すという形をとるかもしれません。

弁護人　後で訂正印、というと、被疑者のいないところでということですか。

証　人　いえいえ、当然被疑者がいるところです。

　つまり、改ざんが疑われる箇所とは別の訂正箇所を示して、本来の訂正方法を具体的に確定させたのである。
　ここから、いよいよ反対尋問の核心である「改ざんの疑われる」訂正箇所についての尋問が始まる。実際に行われた尋問を見てみよう。

動かぬ証拠に証人は……①

弁護人　（資料1を示す）「七〇〇グラム位を仕入れた際、Nに二〇〇グラム位を売ってやったのですが、確か一グラム一万一〇〇〇円位で売りました」と書いてありますね。

証　人　はい。

弁護人　被疑者は、初めからこう言ってたのですか。

証　人　訂正されていますので、被疑者は最初Nに300グラムくらいを売ったと言っていたと思います。

弁護人　被疑者が、最初は300グラムと言ったのに、後から200グラムに訂

　　　　　正してくれ、と言ったということですか。
証　人　そうです。
弁護人　では「一グラム一万一〇〇〇円位」の部分ですが、これも初めは「一グラム一万五〇〇〇円位」と書いたのを訂正してありますね。
証　人　はい。
弁護人　どういうふうに、15,000円から11,000円に変わっていったのですか。
証　人　本人も記憶をたどりながら、「Nに何グラム」というようなことで供述していったと思います。それで、その時点で本人が考えながら、あ、違いますと、あ、こうですというふうなことで訂正に至ったということだったと思うのですけれど……。
弁護人　この「一万五〇〇〇円」は「一万一〇〇〇円」に訂正される前に、「一万二〇〇〇円」に訂正されていますね。
証　人　はい。
弁護人　15,000円じゃなくて、12,000円です、というふうに本人が最初訂正したのですか。
証　人　そうですね。本人がそう訂正したから、それによって私が削除して、本人の言うとおりに書いた、という証明になっていると思います。
❶弁護人　その後、どうしてまた「一万一〇〇〇円」に変わっているのですか。
証　人　訂正してるんです。
弁護人　供述が変わったのですか。
証　人　そういうことです。
弁護人　これも全部被疑者の目の前で訂正したのですか。
証　人　もちろんです。

　弁護人は、重要な覚せい剤の量、代金額について頻繁に調書の訂正がなされていることの不自然さについて追及を始めたのである。ここで証人は、被疑者の言うとおりに訂正した結果、このようになったと言い逃れをした。しかし、このように重要な問題について、被疑者が頻繁に供述を変えたということ自体が不自然であろう。とくに弁護人は、先の尋問で、金額などは「項目

資料1（読みにくくなるため訂正印は省略）　　資料2

【資料1（縦書き）】
今年初め
に私が
を仕入れた際、Nに
を売ってやったのですが、確か
一グラム　一万二〇〇〇円
で売りました。
Nが家売するための覚せい剤に間違
いありません。
私も覚せい剤家売人です。
K組長には、売り上げの
二〇パーセント
を渡しております。
（加筆訂正家字／加筆訂正字）
五〇〇グラム位
三〇〇グラム
二〇〇グラム

【資料2（縦書き）】
うになり、今までのように覚せい剤家売も
できなくなって、売り上げが落ちたのです。
私が担当する一カ月位のうちの二〇
日間位、
一パケの量を
〇・一グラム位
として、その日によって違いますが、平均
して、
一日甘パケ位（弐グラム）
一か売れず、二〇日間位で
二〇〇パケ（二〇〇グラム）位
一か売れませんでした。
そして、二月一五日頃を最終に警
察が抗亭事件で、私達K組々員を
（加筆訂正字）

ごとに録取した」と押さえていたので、その不自然さがより際立っている。さらに、弁護人は、別の観点から証言の矛盾を突いた。続いて見てみよう。

　弁護人　まず「三四〇〇万円」から「三五〇〇万円」に訂正しているインクを見てください。次に「三〇〇グラム」から「二〇〇グラム」に訂正したところと、「一万二〇〇〇円」から「一万一〇〇〇円」に訂正したところのインクを見てください。初めのはカーボンによる複写ですが、あとの2つはボールペンで直接書き込んだのではないですか。

　証　人　そうは思いません。

　弁護人　証人には、これが同じに見えるのですか。

❷証　人　……はい、見えます。

　弁護人　「三四〇〇万円」を「三五〇〇万円」にしているカーボンのインクと、後の「三〇〇グラム」を「二〇〇グラム」に、「一万二〇〇〇円」を「一万一〇〇〇円」に訂正しているインクは明らかに違うでしょう。わかりませんか。

❸証　人　……私には一緒に見えます。複写ですので、力の入れ方じゃないんですかね。字体も濃さも、力の入れ方で変わってきますので

……。
弁護人　カーボンを挟んで調書を書くということでしたよね。この「三五〇〇万円」への訂正は、カーボンの複写の上ですか。下ですか。
証　人　下ですね。
弁護人　複写されてますよね。
証　人　はい。
❹弁護人　「三〇〇グラム」を「二〇〇グラム」に訂正した部分は直接ボールペンで書き込まれていて、複写のカーボンの下になっていないですよ。
❺証　人　……ですから、これは読み聞けの時点でもうカーボンを外すということもありますので、直に書くこともあるんです。
❻弁護人　この「三〇〇グラム」を「二〇〇グラム」に、「一万二〇〇〇円」を「一万一〇〇〇円」にする部分以外は、訂正も複写されているのに、どうしてこの２カ所だけが直接訂正されているのですか。
証　人　……これは録取して、最後に当然読み聞けをしますので、そのときに本人が訂正を申し立てる、と。また録取をしている途中、いったん書いたとして、あ、すみません、これ２が３ですわ、という訂正の仕方もしますんで、聞かれている点についてはわからないですけど、そういう訂正もしたのではないかと思うんですけども……。

　この尋問を読んでいただくと、弁護人が原本を閲覧して、何を発見していたかがおわかりいただけただろう。調書（資料１）の原本は、カーボンによって複写されたものであった。ところが、重要な覚せい剤の量や金額についての訂正箇所が、カーボンの複写を用いず、ボールペンで直接書き込みがなされていたのだ。
　この事実を突きつけられた証人は、まず「同じインクに見える」（❷、❸）との言い逃れを始めた。しかし、調書の現物を見れば、その証言が嘘であることは一目瞭然であった。このため証人は「読み聞けの時点でカーボンを外すこともある」（❺）と新たな弁解を始めることになったのである。しかし、いったん「同じインクに見える」などという嘘をついてしまった以上、その

後いくら弁解しても、その場しのぎにしか聞こえない。
　さらに弁護人は、別の観点から証言の矛盾を突いた。

動かぬ証拠に証人は……②

❼弁護人　もう1つ伺いますが、この「一万五〇〇〇円」を「一万二〇〇〇円」に訂正した後、さらに「一万一〇〇〇円」に訂正している部分は、なぜ欄外は「加一字削一字」なのですか。「五」から「二」、さらに「一」に訂正しているのなら、「加二字削二字」か「加一字削二字」かどちらかになるのではないですか。
　証　人　訂正して加削を書き漏らしたのだと思います。
❽弁護人　うっかりミスですか。
　証　人　……そうです。

　先に確認した二重の訂正がなされた場合の欄外の加削の記載方法と、実際の記載との矛盾を突いたのである。この加削の記載方法の矛盾はここだけではない。弁護人は、さらにたたみかけている。

　弁護人　（被告人の供述調書〔資料2、本書72頁〕を示す）この調書のこの部分も「一日五〇パケ位（五グラム）」という記載が「一日一〇〇パケ位（一〇グラム）」に訂正されていますね。
　証　人　はい。
　弁護人　「五〇」と「五」を削って、「一〇〇」と「一〇」を足しているのですね。
　証　人　はい。
　弁護人　欄外には「加五字削三字」と記載するはずですね。
　証　人　はい。
　弁護人　実際の欄外は「加三字削二字」となっていませんか。
　証　人　……これ「加五字」じゃないんですか、「三」じゃなくて。
　弁護人　証人は、これが「五」に見えるのですか。
　証　人　ちょっと、これではわかりませんね。
　弁護人　私には「加三字削二字」と読めるのですが、証人には「加五字削二

	字」と読めるのですか。
証　人	そうですね、その可能性があります。
❾弁護人	「五〇」を「一〇〇」に変えたのと、「五」を「一〇」に変えたのは別の機会なのではありませんか。
証　人	いいえ。
❿弁護人	同じ機会なのに、どうして加何字削何字を間違えるのですか。
証　人	……この加は「五字」と違いますか。
弁護人	加字数が「五字」と正しいのであれば、削字数も正しく「三字」にならないとおかしいでしょう。
証　人	はあ。
弁護人	欄外にはなんて書いてありますか。「削二字」でしょう。
証　人	……書き間違いでしょうね。
⓫弁護人	どういうふうに書き間違えたとおっしゃるのですか。
証　人	たぶん、「三字」だというところをぱっと見て「二字」だと書き間違えたとしか思われませんね。
弁護人	加の部分は。
証　人	これははっきりわかりませんが、「五」の縦書きを薄く書いたから下に写らなくて「三」に見えてるだけだと思います。
⓬弁護人	つまり「加五字削二字」と書いてあるように見えて、加については「五」と書いたものが写っていないから「三」に見えて、削については「削三字」と書くところ「削二字」と書き間違えたとおっしゃるのですね。
証　人	……はい。

　おわかりであろう。ここでも弁護人は、欄外の加削文字の記入が、実際の訂正と整合していないこととの矛盾を突いたのである。「三を二と書き間違えた」にせよ、「三に見えるのは五だ」にせよ、そこでの証人の弁解は、あまりに苦しまぎれのものであった。

裁判所の認定

　では、これらの尋問から、実際の事件において、裁判所はどのような判断

を示したであろうか。
　次のような認定をひとつの根拠に、被告人の供述調書すべての証拠請求を却下したのである。
まず、資料１についての認定を見よう。

　「三〇〇グラム位」との記載のうち「三」の文字を二重線で抹消して「二」に訂正した部分及び「一万五〇〇〇円位」との記載のうち「五」の文字を二重線で抹消して「二」に訂正し、さらにこれを二重線で抹消して「一」に訂正した部分が存する（これらは、本件覚せい剤取締法違反の被疑事実に直接関係する重要部分である。）。しかるところ、「三」を「二」とした部分、これにかかる「加一字削一字」との記載、及び「二」を「一」とした部分は、明らかに同警察官調書の他の訂正個所とは異なる筆記具又は方法により記載されたものと認められる。この点について（中略）検察官は、〇〇警察官は読み聞かせの段階で２枚複写式の供述調書用紙のカーボン紙を外すというのであるから、上記各訂正は読み聞かせの後であるとは認められるが、署名指印の後であるとまでは認められない旨主張する。たしかに、一般論としては検察官の主張を採用できないではない。しかし、本件においては〇〇警察官は、上記各訂正個所について、当初は同供述調書の他の部分と同じインクに見えると証言していたのに、供述調書用紙が複写式であることを指摘されるや、検察官の主張と同旨の証言をしていること、二重に訂正した場合、欄外の記載は正式には「加一字削一字」では足りないとしながら、上記供述調書についてはこれをうっかり書き漏らしたと証言していること、これと同一機会になされた上記警察官調書に関する尋問に対しても、前述のように不合理な弁解をしていることなどに鑑みると、上記各訂正が適正になされたことについてはなお疑問が残る、すなわち〇〇警察官が被告人の署名指印後に改竄した可能性は、そのように断定することまではできないものの、否定しきれないといわなければならない。

　次に、資料２についての認定である。

　（資料２には、）２字を削除して３字を加えた部分及び１字を削除して２字を加えた部分との２箇所の訂正部分が存する（したがって、本来は、「加

五字削三字」と記載しなければならない。）ところ、同行の上部欄外には、明らかに「加三字削二字」と記載されているにもかかわらず、「『三』という部分は『五』という文字である可能性がある。『二』とあるのは『三』とすべきところを書き間違えたものである」などとする証言などは、場当たり的で、不審点を追及されると更にその場限りのこじつけの証言をしているとの観を否めない。

裁判所は、弁護人による反対尋問の追及を踏まえ、証言の信用性を明確に否定したのである。弁護人はさぞかし胸のすく思いをしたであろう。

参考想定問答例

ところで、すでにお気づきだと思うが、本件の実際の尋問では、ところどころ、これまでダイヤモンドルールではタブーであると指摘してきた「なぜ」と聞く「オープンな質問」が用いられている。❶、❻、❼、❿などである。また、❹の質問も、「なぜ」とは聞いていないが、実質的には「理由」を尋ねている。さらに❽、❾、⓫、⓬など、直接疑問をぶつける尋問も見られる。結果としては、これらに対する証人の弁解のほとんどは不合理であり、かえって墓穴を掘っている。しかし、❹の質問で出た「読み聞けのためにカーボンを外した」という弁解❺は、裁判所も「たしかに、一般論としては検察官の主張を採用できないではない」としており、危険な弁解を招いていたといえるであろう。

では、ダイヤモンドルールどおりに聞くとすればどうなるであろう。やはり理由は聞かず、誘導尋問によって徹底して、イエスかノーかの結論のみを聞くべきことになる。その尋問の答えから「矛盾」を浮き彫りにするのである。たとえば、本件では以下のように聞くことが考えられる。

弁護人　刑事にとって調書の正確性は重要ですね。
証　人　はい。
弁護人　その重要な調書について訂正するということもまた重大な行為ですね。
証　人　そうですね。
弁護人　慎重にやらなければなりませんね。

【第5章】動かぬ証拠に証人は……──シミュレーションのこつ　77

証　人　はい。
弁護人　被疑者の前でするのですか。
証　人　もちろんです。必ずそうします。
弁護人　調書の訂正方法について、教えられたことはありますか。
証　人　はい。
弁護人　欄外に、訂正個所を明示するように、と教えられたのではないですか。
証　人　はい。
弁護人　具体的には「加削」として訂正字数を記入しますよね。
証　人　はい。
弁護人　さらにそのうえで訂正印を押すのですね。
証　人　はい。
弁護人　そのような訂正は、よくあるのではないのですか。
証　人　はい、あります。
弁護人　明白な誤記を訂正するときであっても、訂正は、間違いがないように慎重にしますか。
証　人　はい。
弁護人　あなたは、刑事になって〇年の経験があるのですね。
証　人　はい。
弁護人　これまでにあなたが作成された調書の数は、膨大でしょうね。
証　人　当然そうなると思います。
弁護人　その間に調書の訂正をしたことも何度もありますね。
証　人　はい。
弁護人　そのたびに慎重に訂正をしていますね。
証　人　はい。
弁護人　重大な訂正であれば、なおさら慎重にしますね。
証　人　はい。
弁護人　加削文字の記入も慎重にしますね。
証　人　はい。
弁護人　訂正した文字数もきちんと数えるのではないですか。
証　人　そうですね。
弁護人　本件での覚せい剤の量や代金についての被疑者の供述は、重要で

証　人　すね。
証　人　そうですね。
弁護人　ところで、この調書は、カーボンを挟んで作成されていますね。
証　人　はい。
弁護人　カーボンを挟むのは、複写して同時に同じ調書を作成するためですね。
証　人　はい。
弁護人　訂正も含めて、複写して作られる2枚の調書は同じでなければなりませんね。
証　人　はい。
弁護人　（調書を示す）「三四〇〇万円」から「三五〇〇万円」に訂正している部分を見てください。
証　人　はい。
弁護人　カーボンによって訂正されていますね。
証　人　はい。
弁護人　正しく訂正されればこうなりますね。
証　人　はい。
弁護人　（資料1を示す）「三〇〇グラム」を「二〇〇グラム」に訂正しているところを見てください。カーボンで訂正されていますか。
証　人　……。
弁護人　直接、ボールペンで訂正が書き込まれていますね。
証　人　はい。
弁護人　「一万二〇〇〇円」を「一万一〇〇〇円」に訂正しているところを見てください。これもカーボンではなく、直接訂正されていますね。
証　人　……はい。
弁護人　（資料2を示す）ここでは「一日五〇パケ位（五グラム）」という記載が「一日一〇〇パケ位（一〇グラム）」に訂正されていますね。
証　人　……はい。
弁護人　欄外には「加五字削三字」と記載するはずですね。
証　人　はい。
弁護人　実際の欄外は「加三字削二字」となっていますね。

証　人　……はい。

　以上は「想定問答」であり、実際に尋問した場合、証人がこのとおりに答えるとはかぎらない。また、尋問の再現を見れば、本件に関してはむしろこのようなルールに則った尋問よりも、オープンに証人に話させたことがかえって証人の不誠実さを強調していたともいえそうである。その意味では、上記の「想定問答」を「正解」であるということはできない。あくまでひとつの参考として検討してみてほしい。

成功のポイント

　翻って、この尋問がなぜ成功したのかを考えてみよう。尋問と裁判所の認定を見ていただければわかるとおり、成功のポイントは「調書の訂正の不自然さを浮き彫りにしたこと」である。しかし、冒頭でも述べたとおり、問題となった調書の訂正は、その結果だけを見れば一見よくある訂正である。多くの弁護人は、些細な問題として見過ごしてしまうであろう。その意味で重要なのは、本件の弁護人が、これらの調書の訂正を単なる誤記の訂正とは考えずに、警察官による意図的な改ざんの可能性があると捉えたことである。

　では、本件の弁護人は、どうしてそのような観点を持つことができたのであろうか。

　これは、取調べや調書の作成経過について具体的なイメージを持っていたかどうかにかかっているであろう。確かに調書上現れているのは、字句の訂正にすぎない。そのような表面的な事実だけを見ているだけでは、何も浮かび上がってこない。

　しかし、そのような表面的な事実を掘り下げて、実際の調書の作成経過を具体的にイメージをしていけば、調書の訂正という行為が安易になされるはずもないことに気づくであろう。しかも問題になっているのは、覚せい剤の代金の額や量という重要な部分である。調書作成・訂正の実際がイメージできれば、そのような重要な部分について再三訂正されているのは不自然であり、作為的な訂正だったのではないかとの疑いに行き着くことは決して難しくない。

　しかしそれだけでは足りない。さらに、証人(取調べ刑事)の視点に立って、

訂正をした経緯を具体的にシミュレートしていく必要がある。「刑事は共犯者供述との食い違いに後から気づいたのではないか」「そうであれば被疑者不在の場所で訂正したはずだ」「不自然な訂正になっているのは、後からしたからだろう」といったシミュレーションである。すでに見たように、本件の弁護活動のすばらしさは、調書の原本をわざわざ閲覧して確認し、改ざんを疑われる訂正の一部がカーボンを使わずになされていたことを発見したことである。このような発見も、以上のようなシミュレーションがあったからこそ可能だったといえるであろう。

では本件から、どのようなルールが抽出できるであろうか。まず、

- 実際の場面を具体的にイメージせよ。
- 証人の立場をシミュレートせよ。

というルールが提示できるであろう。そしてそのイメージやシミュレーションによって、

- 些細に見えて本質的な部分を見逃すな。

ということが重要である。ただし、そこにはひとつの留保が必要である。勝負は、あくまで本質的な部分でしなければならない。些末な矛盾にこだわって尋問をすれば、裁判員や裁判官をいらつかせ、無用な介入尋問を招く事態にもなりかねない。あえて次のルールも付け加えておこう。

- 些末な矛盾にこだわるな。

【第6章】ケースセオリーを見極めろ！
——反対尋問の準備の方法

　若手弁護士から、実際の反対尋問では具体的にどのように準備をしたらよいかよくわからない、という声をよく耳にする。

　反対尋問の準備は難しい。とくに、連日的開廷のもとではその準備はきわめて難しい。かつては、主尋問と反対尋問が別期日に行われることも多かった。主尋問の内容を吟味してから、反対尋問事項を考えることができたのである。しかし、連日的開廷のもとでは、そのような悠長なことは言っていられなくなった。刑訴規則上も2005年11月の改正で、「反対尋問は、特段の事情のない限り、主尋問終了後直ちに行わなければならない」（199条の4第2項）と定められた。反対尋問は、主尋問前にすでに準備が完了していなければならないのである。その意味でも、反対尋問の準備の仕方について、検討を加えておくべき必要性は高いであろう。

　ある万引き事件を例にとって、反対尋問の準備の方法について考えてみよう。

事件の概要

　事案は、スーパーマーケットでの万引きである。被告人の中年女性は、店外にでたところを女性保安員に呼び止められた。保安員は、被告人が冷凍食品売場で冷凍食品を自分のかばんに入れ、そのままレジで精算せずに店外に出るまでの一部始終を目撃していたという。実際、被告人のかばんからは、冷凍食品が発見された。

　しかし被告人は、「この冷凍食品は、いったんレジで精算した。精算の後で、思っていたのとは違う商品だったのではないかと気になり、冷凍食品売場に

戻って、カバンの中の商品が、思っていた商品であるかどうかを手にとって再確認した。間違いがなかったので、手に取った商品は棚に戻した。もちろん、自分のかばんになど入れていない。そのまま引き返してレジは通過した。保安員は、そのときの自分の行動を見て、万引きと勘違いしたのだと思う」と弁解して否認したのである。しかし、被告人は否認のまま窃盗罪で起訴されてしまった。このため、被告人の万引きの一部始終を目撃していたという保安員の供述の信用性が、重要な争点となった。

ケースセオリーを見極めよう

　ある事件で、弁護人が何らかの成果（無罪だけでなく、大幅な減刑を得ることなども含む）を収める場合には、その成果を生むそれなりの説明、理論があるはずである。事件に勝つための筋道、あるいは単に筋と言ってもよいであろう。そのように、当該事件で成果をもたらす説明、理論を英語では、ケースセオリー（case theory）[*1]あるいはセオリー・オブ・ザ・ケース（theory of the case）と呼んでいる。公判弁護は、このケースセオリーを裁判所に示し、それを受け入れさせることに尽きると言ってよい。反対尋問の目的も、間接的とは言え、このケースセオリーを示すことに収斂される。そうである以上、反対尋問の準備の第一歩は、何よりこのケースセオリーを見極めることである。ケースセオリーは、弁護側に不利な証拠も含めて、説明できる理論でなければならない。逆に言えば、検察側の証言を弾劾できないようなケースセオリーはケースセオリーとして失格なのである。主尋問に引き続いて反対尋問を行うためには、主尋問より前に、われわれは、検察側証人を弾劾するケースセオリーを見極め、尋問準備を完了しておかなければならないのである。

　本件のケースセオリーは何か。とにかく弁護人としては、被告人が冷凍食品を自分のカバンに入れていないとの合理的な疑いを裁判所に抱かせることが必要である。反対尋問との関連では、被告人が冷凍食品をカバンに入れたとの保安員の目撃証言を弾劾し、それが誤りであるとの合理的な疑いを提示できなければならない。そのような疑いを生ぜしめる説明・理論こそが、ケースセオリーということになろう。

証拠を精査し「弾劾のセオリー」を確立しよう

　しかし、それだけではなお抽象的である。尋問で成功を収めるためには、さらに証拠を精査することによって、弾劾の理論を確立しなければならない。事件そのものについての勝つべき説明・理論を「ケースセオリー」と呼ぶことと対比すれば、この弾劾のための理論は「弾劾セオリー」と名づけることができるであろう。

　弾劾の対象は、言うまでもなく被告人が冷凍食品をカバンに入れたのを目撃したという保安員の供述である。その保安員を弾劾するにあたって、まず重要なのは、その捜査段階の供述である。捜査段階の供述は、証人の主尋問証言を予想するうえでも重要であって、その精査は、尋問準備に欠かせない。本件で、保安員が、事件当日に警察でとられた供述調書の中から、被告人が冷凍食品をカバンに入れたという部分を見てみよう。

　　その女性（被告人）は、はじめみそ売場のところにいたのですが、備え付けのかごも持たずにいて、手を隠すようにチラシを持っていたことなどから、不審に思い注視しました。付近には、買い物客はほとんどいませんでした。
　　私は、その女性が万引きをするのではないかと思い、その女性の行動を監視するため、いったん女性を追い越して、みそ売場の北側にある冷凍食品売場を通りすぎ、奥にある総菜売場のところから、女性を見ていました。
　　すると、女性は冷凍食品売場のところに来ました。直接女性を注視できなかったので、まわりの様子を窺いながら、女性を見ていますと、女性の右手には３個くらいの冷凍食品が持たれていました。そして、引き続き女性の行動を見ていたところ、右手に持っていた冷凍食品を左肘にかけていた白色カバンの中に入れて、ごそごそと整理していたのです。

　この供述記載を見て、この供述を弾劾するセオリーは導き出せたであろうか。おそらく無理であろう。供述調書の精査が不可欠とはいっても、実際には多くの場合、供述調書の精査だけでは不十分である。調書の記載には現れないことも含めて、実際の事実がどうであったのか、できるだけ具体的にイメージできてこそ、セオリーを抽出し、確立することが可能だからである。

「現場百遍」などといわれるが、そのためには現場がどのようなところか実際に確認し、その見通し状況を確認することも必要であろう。被告人の動き、保安員の動きなども具体的に検証してみるべきであろう。そのような作業を踏まえつつ、供述調書の内容に立ち返って検討してこそ、供述の弾劾セオリーの抽出も可能となるのである。言い換えれば、調書を精査しつつ、調書の行間に隠された事実を具体的にあぶり出すことこそが必要なのである。

　この点で、この事件の弁護人は、その反対尋問の準備中、ある偶然に恵まれた。テレビで、万引きを検挙する保安員の仕事ぶりを追ったドキュメント番組を目にしたのである。その番組では、保安員の研修から、店内での監視、万引きを目撃してから検挙するまでのさまざまな場面がレポートされていたが、そのレポートには、本件で弾劾セオリーを抽出する大きなヒントが含まれていた。保安員は、普通の買い物客を装って、できるだけ目立たないように店内を巡視している。当然、不審者に保安員であることを悟られないためである。他方、万引きを検挙するためには、確実に不審者が商品を棚から取り、カバンに入れる一連の行為（さらには、支払いをせずに店外に出るまで）を現認しなければならない。とくに、保安員たちは、棚から商品を取ることを「棚とり」と呼んで重視している。しかし、店内には多くの商品や他の客などの障害物があって視認そのものは決して容易ではない。つまり、保安員は、不審者に悟られないようにできるだけ目立たないことと、障害物の中で確実に犯行を視認することという二律背反の要請の中で、その職務を遂行していたのである。その努力には頭が下がるが、逆に視認ミスなどの発生する可能性もまた否定できない。現に、ドキュメント番組の中では、新人保安員の研修のため、わざと不審者らしき人物を店内にうろつかせ、誤認、誤検挙をさせるというシーンも紹介されていた。

　こうして証人を弾劾するセオリーが浮かび上がってきた。証人は、被告人を不審者として、その監視を始めたが、自らが保安員であることを悟られないように行動したため、その目撃状況は断片的で、決して良好ではなかったのではないか、という仮説である。このような観点から、証人の供述調書の記載を再検討してみると、この弾劾セオリーを支えるいくつかのヒントが含まれていることがわかってきた。たとえば、「付近には、買い物客はほとんどいませんでした」との記載は、障害物が少ないという点では、視認状況を助けるが、逆に保安員が目立ってしまうという意味では、保安員であることを

不審者に悟らせないように気を遣う事情になる。また、「その女性の行動を監視するため、いったん女性を追い越して、みそ売場の北側にある冷凍食品売場を通りすぎ」たとの記載は、保安員が、やはり被告人に保安員であることを悟られないように、被告人を遠巻きにした行動であると推測できる。「直接女性を注視できなかったので、まわりの様子を窺いながら女性を見て」いたとの記載は、より端的に視認状況が良好でなかったことを自認する内容だといえる。そして、供述調書には、「女性の右手には3個くらいの冷凍食品が持たれていました」との記載はあるが、肝心の「棚とり」のシーンが記述されていない。これらの事情から、弁護人は、「証人は、被告人に保安員であることを悟られないように行動したため、その視認状況は良好ではなく断片的であり、被告人の棚とりも現認しなかった。そのため、レジ精算後冷凍食品を確認しに戻った被告人の行動を万引き行為であると誤認した」ことを「弾劾のセオリー」として、反対尋問を組み立てることにしたのである。

尋問事項を組み立てよう

　以上の弾劾セオリーを前提に、どのように尋問を組み立てるべきであろうか。

　まず、獲得すべき弾劾セオリーを見定めたからといって、それを直接ぶつけるような尋問をしてみても意味はない。たとえば、「断片的にしか見ていませんね」あるいは「誤認しましたね」と直接的に尋ねてみても、「いいえ、そんなことはありません」と否定されて終わりである。また、これまで繰り返し述べてきたとおり、反対尋問でオープンな質問はタブーである。誘導尋問により、尋問者が欲する答えを、証人から引き出さなければならないのである。そして、繰り返すように、主尋問に引き続いて反対尋問を行わなければならない以上、尋問者は、主尋問までに証人の答えを事前に確実に予想して、備えておかなければならない。

　それでは、実際に確実な予想のもとに尋問事項を組み立てるには、どうすればよいのか。弁護側の弾劾セオリーに関連し、かつ、証人が否定できない事実を徹底的に抽出することである。セオリーがしっかりしていれば、このような事実の抽出は決して困難ではない。そして、そのような事実の積み重ねを尋ねるものである以上、主尋問前であっても、自ずから証人の答えは予

想でき、反対尋問事項の組み立ては可能なものである。この点を、本件で実際にどのように尋問が進行したかを見ることで検証してみよう。

　　弁護人　保安員の心得として、不審者からあなたが保安員とわからないようにしなければなりませんね。
　　証　人　はい。
　　弁護人　できるだけ自然を装わなければなりませんね。
　　証　人　はい。
　　弁護人　もし、あなたがじっと不審者を見つめていたら、不審者は警戒しますよね。
　　証　人　はい。
　　弁護人　そういうことを避けようとしたのではありませんか。
　　証　人　もちろん、直視は……。
　　弁護人　避けていたのではないですか。
　　証　人　多少はあります。
　　弁護人　それから、あなたは被告人を見るために場所を変えたということでしたね。
　　証　人　はい。
　　弁護人　場所を変えたのも、警戒されないようにとの配慮からですね。
　　証　人　そうですね。
　　弁護人　あなたは、被告人を追い越したということでしたね。
　　証　人　はい。
　　弁護人　追い越している間、被告人はあなたの背中側にいることになりますね。
　　証　人　はい。
　　弁護人　その間、被告人の姿は見えていませんね。
　　証　人　見えていません。
　　弁護人　通り越した後、被告人から距離を置くようにしましたね。
　　証　人　そうですね。
　　弁護人　実況見分調書によれば、あなたは被告人を追い越して５メートル以上離れていたようですね。
　　証　人　そうですね。

【第６章】ケースセオリーを見極めろ！――反対尋問の準備の方法

弁護人　これも、保安員であることを悟られないようにしたかったからですね。
証　人　はい。

　いかがであろうか。すべての質問が、証人の目撃状況を妨げている事情を問うものである。つまり、弁護人の弾劾セオリーに関連し、かつ証人の否定できない事実である。それらの質問がすべて誘導尋問によって構成されている。そして、証人はすべてについて肯定的に答えさせられている。そのような誘導の結果、事前に弁護人が確立した弾劾セオリーに沿う形で、証人が、被告人の直視を避けていた事実が浮かび上がってきたのではないだろうか。

証人が事前の予想に反する証言を始めた場合

　さらに本件では、棚とりのシーンが証人の供述調書に記載されていないことも、弁護人の弾劾セオリーに関連する重要な事実である。この事実を利用して、証人を弾劾するためにはどうすべきであろうか。再び尋問例を見てみよう。

❶弁護人　ところで、万引きを検挙するためには、不審者が棚とりした場面を確実に現認することが重要ですね。
証　人　そうです。
❷弁護人　あなたは、棚とりの状況が見えていなかったのではないですか。
証　人　確実に見ました。

　証人の供述調書に、「棚とり」について触れられていないことはすでに動かない。この事実を提示することだけでも、目撃状況が完全でないことの傍証とはなるであろう。❶、❷は、その事実を提示するための前提尋問であった。しかし、本件で特徴的だったのは、❷で証人が「棚とり」を目撃したとの証言を始めたことである。ある意味では、供述調書の記載から事前に予想されるものとは異なった証言といえる。しかし、なにも慌てることはない。むしろチャンス到来と捉えるべきである。新証言と、供述調書の記載との自己矛盾を突けばよいからである。ただし、ここでよくやる失敗は、自己矛盾が出

ことで、すぐにそのことを証人に指摘してしまうことである。それをすれば、たいていの証人はすぐに証言を訂正したり、いろいろと弁解を始めたりするからである。ではどうすべきか。続きを見よう。

弁護人　間違いないですか。
証　人　間違いないです。
弁護人　棚とりを現認したということは大変重要ですね。
証　人　はい。
弁護人　本件の当日、警察で事情聴取を受けて、調書を作成してもらっているのを覚えていますか。
証　人　はい。
❸弁護人　その際に、重要なことをあえて説明しなかったということがありますか。
証　人　いいえ。
❹弁護人　棚とりを現認していたのであれば、そのことは取調官にも説明していますよね。
証　人　はい。
❺弁護人　実際には、説明していないということはないですか。
証　人　いいえ。
弁護人　証人の○月○日付け供述調書の末尾署名部分を示します。これはあなたの署名押印ですね。
証　人　はい。
弁護人　この調書の4頁6行目を示します。ここに「直接女性を注視できなかったので、まわりの様子を窺いながら、女性を見ていますと……」とありますね。
証　人　……はい。
弁護人　これはあなたがおっしゃったことですね。
証　人　そうです。
弁護人　続けて、「女性の右手には3個くらいの冷凍食品が持たれていました」とありますね。
証　人　はい。
弁護人　棚とりを見たと、どこに書いてありますか。

証　人　……このときは素通りしました。
弁護人　書いてありますか。
証　人　書いてませんね。

　弁護人は、いきなり矛盾を示さず、❸〜❺でさらに誘導尋問をしている。これらの尋問により、証人の証言どおりであれば「棚とり」が調書に記載されるはずであるとの事実が固められている。このように、まず証人を矛盾へと誘導したうえで（Commit）、ピンで留め（タメを作る・Credit）、そのうえでその証言と前の供述との矛盾を示す（Confront）。矛盾を示すのはあくまで最後である。これが自己矛盾供述における弾劾の基本である。
　このような臨機応変な対応も、事前にケースセオリー、そして弾劾セオリーを見極める際、調書に「棚とり」という重要事実が記載されていないことを重視していたからこそ可能であった。その意味でも、ケースセオリー、そして弾劾セオリーが的確かつ確実に見極められることが反対尋問の準備として、なにより重要だといえるであろう。
　本章で明らかとなった、反対尋問の準備のためのルールをまとめておこう。

- ケースセオリーを見極めよ。
- 弾劾のセオリーを確立せよ。
- 証拠（とくに証人の供述）を精査せよ。
- より具体的な事実をイメージせよ。
- 調書の行間を読め。
- 証言を事前に予想せよ。
- 弾劾のセオリーに関連し、かつ、証人が否定できない事実を抽出せよ。
- 事前予想に反した証言が出たら、自己矛盾を突け。

*1　ケースセオリーについては、高野隆「裁判員裁判と公判弁護技術」自由と正義57巻5号（2006年）73頁、マシュー・ウィルソン（河津博史訳）「効果的な法廷弁護——日本における市民参加型裁判の黎明」同89頁、後藤貞人・河津博史「裁判員裁判におけるケース・セオリー」自由と正義59巻8号（2008年）102頁、日本弁護士連合会編『裁判員裁判における弁護活動——その思想と戦略』（2009年）23頁以下などを参照。

【第7章】書面の呈示・読み聞かせは許されるのか?
——自己矛盾供述の効果的な突き方

自己矛盾供述と供述録取書の呈示

　前章では、証人の供述の自己矛盾を明らかにするために、証人に対し、捜査段階の供述調書を示す方法を紹介した。同じケースを題材に、供述調書の呈示について検討してみよう。
　前章で、調書を呈示した部分を再録すると、以下のとおりである。

❶弁護人　証人の○月○日付け供述調書の末尾署名部分を示します。これはあなたの署名押印ですね。
　証　人　はい。
❷弁護人　この調書の4頁6行目を示します。ここに「直接女性を注視できなかったので、まわりの様子を窺いながら、女性を見ていますと……」とありますね。
　証　人　……はい。
　弁護人　これはあなたがおっしゃったことですね。
　証　人　そうです。
　弁護人　続けて、「女性の右手には3個くらいの冷凍食品が持たれていました」とありますね。
　証　人　はい。
　弁護人　棚とりを見たと、どこに書いてありますか。
　証　人　……このときは素通りしました。
　弁護人　書いてありますか。
　証　人　書いてませんね。

このように、証人に自己矛盾供述である供述録取書を突きつけ、その内容を証人自身に確認させることによって供述を弾劾する方法は、これまでも何度も触れてきた。実際の法廷でも、多くの場合、このような尋問手法は問題なく認められている。しかし、このとおりにスムーズに進まない場合もある。検察官が異議を述べることがあるからである。

　そのような場合、大抵検察官が異議を出すのは❷の場面であるが、なかには❶の場面ですでに異議を出す検察官もいる。

　異議理由にもいくつかのパターンがある。まず、①「弁護人が示そうとしている供述調書は、弁護人の不同意によって、証拠となっていない。そのような供述調書を示すことには異議がある」などというものである。もう少し刑訴規則を勉強している検察官であれば、次のように異議理由を述べることもある。②「規則199条の11第1項では、訴訟関係人が示して尋問できる書面から、供述録取書は明示的に除かれている。したがって、供述録取書を示して尋問することは、規則に反し許されない」というものである。これらの異議は正当なのだろうか。

供述録取書を示すことは許されるか？

　仮に、これらの異議が正当だということになってしまえば、これまで紹介してきた反対尋問の方法に、大きな修正を加えなければならなくなるであろう。しかし、結論からいえば、この異議はいずれも正当とはいえない。その理由を考えてみよう[*1]。

　まず①の「不同意で、証拠になっていないから示せない」との異議である。この異議に理由がないことは、規則の明文の規定から導くことができる。すなわち、尋問における「書面又は物」の呈示について定める規則199条の10第1項は、「訴訟関係人は、書面又は物に関しその成立、同一性その他これに準ずる事項について証人を尋問する場合において必要があるときは、その書面又は物を示すことができる」としており、示すことのできる「書面又は物」が証拠となっているものに限定していない。むしろ同第2項は、「前項の書面又は物が証拠調を終ったものでないときは、あらかじめ、相手方にこれを閲覧する機会を与えなければならない」と定め、呈示する「書面又は物」には、

未だ証拠となっていないものを含むことが前提とされているのである。問題なのは、証拠になっているかどうかではない。呈示する必要があるかどうか、なのである。この必要性については後にあらためて検討しよう。

　やっかいなのは②の「規則199条の11第１項で、供述録取書は示すことのできる書面から明示的に除かれている」との異議である。確かに、同項は、「訴訟関係人は、証人の記憶が明らかでない事項についてその記憶を喚起するため必要があるときは、裁判長の許可を受けて、書面（供述を録取した書面を除く。）又は物を示して尋問することができる」と規定し、明文で、示すことができる書面の中から供述録取書を除外している。そうである以上、尋問の中で供述録取書の内容を示すことは、一切許されないかのようにも見える。しかし、そうではない。規則199条の11第１項をもう一度よく読み直してみてほしい。同項が規定しているのは、あくまで「証人の記憶が明らかでない事項についてその記憶を喚起するため必要があるとき」の規定である。つまり、供述録取書を示すことが禁じられるのは、供述録取書の内容そのものによって記憶喚起することが許されないからである。その理由は明らかであろう。記憶喚起にかこつけて、伝聞法則が潜脱されることを防止しているのである。この点は、同条２項が「前項の規定による尋問については、書面の内容が証人の供述に不当な影響を及ぼすことのないように注意しなければならない」と規定していることからも裏づけられている。「書面の内容」が、「証人の供述に不当な影響を及ぼ」せば、「伝聞証拠」そのものが、「証人の供述」に取って代わってしまうであろう。それはすなわち、伝聞法則の潜脱である。結局、規則199条の11は、伝聞法則の潜脱を許さない趣旨、すなわち伝聞証拠による立証を禁じる趣旨であると考えられるのである。そうである以上、規則199条の11は、立証、すなわち主尋問において、供述録取書そのものを示すことを禁じていると考えられるのである。ちなみに主尋問の方法を定めた規則199条の３にも同趣旨の規定がある。すなわち同条は、３項但書で主尋問で例外的に誘導が許される場合があることを認めつつ、４項でその場合でも「誘導尋問をするについては、書面の朗読その他証人の供述に不当な影響を及ぼすおそれのある方法を避けるように注意しなければならない」と規定する。規則は、伝聞法則の潜脱を強く戒めているといえるのである。

　これに対し、今問題にしているのは、反対尋問において、弾劾、すなわち供述の自己矛盾を示すために供述録取書を示すことが許されるかどうか、とい

う問題である。この場合、記憶喚起のために供述録取書を示すわけでもないし、伝聞法則の潜脱が問題となるわけでもない。したがって、「反対尋問において」、「（記憶を喚起するためではなく）自己矛盾を明らかにするために」、供述録取書を示すことは、規則199条の11では、何ら禁じられていないと解すべきなのである。

　むしろ、反対尋問では、逆に考えるべきであろう。供述の自己矛盾の存在を明らかにする最も端的でわかりやすい方法は、その供述者である証人本人にその事実を確認してもらうことである。そうである以上、自己矛盾供述の存在を明らかにするために、証人に当該矛盾供述部分を示してその確認を求めることは、規則199条の10第1項が規定する「書面又は物に関しその成立、同一性その他これに準ずる事項」についての尋問であり、証人の信用性を弾劾するうえで、当然に「必要があるとき」に該当するというべきなのである。したがって、自己矛盾を示すために証人に供述録取書を示すことは、規則199条の10第1項に基づき、「裁判長の許可」も不要と解されるのである（規則199条の11や同12で書面、図面等を示す場合には、裁判長の許可が必要である）。

　なお、調書の内容を証人に確認させる場合に、証人自身に読み上げさせようとする例が見られる。たとえば、以下のようなやり方である。

　　弁護人　この調書の4頁6行目を示します。この部分になんと書いてあるか、あなた自身で読み上げてください。

　確かにこの方法は、証人自身が素直に読み上げれば、証人自身が自己矛盾を確認したことを揺るぎないものにする。インパクトもある方法と言える。しかし、リスクもある。証人が別の部分を読もうとしたり、読み上げることなく、弁解を始めたりする可能性があるからである。尋問者が、証人のコントロールを失いかねないのである。

　したがって、証人に読み上げさせるのではなく、尋問者がみずから該当箇所を読み上げるようにすべきである。たとえば、以下のように述べるのが、適切であろう。

　　弁護人　この調書の4頁6行目を示します。この部分を今から私が読み上

げますから、私が正しく読み上げるかどうか、あなた自身も確認しておいてくださいね。

以下のルールを付け加えておこう。

・証人自身に自己矛盾供述を確認させよ。
・自己矛盾の確認のためには遠慮なく書面を示せ。
・書面の読み上げは、尋問者自身で行え。

異議への対応方法

以上を前提に、検察官の異議に対して的確に対応してみよう。まず①の異議である。

弁護人　証人の○月○日付け供述調書の末尾署名部分を示します。
検察官　異議あり。今、弁護人が示そうとしておられるのは、不同意となった供述録取書であり、証拠として採用されていません。そのような供述録取書を示されることには異議があります。
裁判官　弁護人、ご意見は。
弁護人　規則199条の10第1項で、書面に関しその成立、同一性その他これに準ずる事項について尋問する場合に、書面を示すことができることは明らかです。また、その際に示すことができる書面が、証拠採用されたものに限られないことは、規則199条の10第1項が、証拠と限定していないこと、同第2項が「証拠調を終ったものでないとき」と規定していることから明らかです。検察官の異議には理由はありません。

少なくとも署名押印を示すだけの場面で、この異議が通ることはないであろう。問題は、この後に続く異議②であろう。

裁判長　異議を棄却します。
弁護人　これはあなたの署名押印ですね。

証　人　はい。
弁護人　この調書の4頁6行目を示します。ここに……。
検察官　異議あり。先ほどは署名押印部分の確認のために示されただけですが、その内容を示されることになれば、やはり異議があります。規則199条の11第1項は、示すことができる書面から、供述録取書を明示的に除いています。また規則199条の10第1項で示すことができるのは、「成立、同一性その他これに準ずる事項について尋問する場合」に限られるはずです。
裁判官　弁護人、ご意見は。
弁護人　規則199条の11第1項には、「記憶喚起のため」と規定されています。すなわち、同項が供述録取書を除いているのは、主尋問で記憶喚起する際に供述録取書の内容を示して、伝聞法則が潜脱されることを禁ずる趣旨です。反対尋問において、捜査段階の供述内容の存在について証人に確認を求めることは、規則199条の11第1項では禁じられませんし、規則199条の10第1項にいう書面の成立、同一性に「準ずる事項」を尋問するために、当然認められます。検察官の異議には理由がありません。

　このように整然と述べられれば、弁護人の対応としてはベストであろう。次のルールを挙げておこう。

　・異議には的確に対応せよ。

　もちろん、そのためには異議理由の根拠となる規則の条文について理解を深めておくことが不可欠である。さらに

　・刑訴規則199条の2ないし同14に精通せよ。

ということがルールとして挙げられるであろう。

裁判長の対応が不適切な場合——読み聞かせの活用

　ただ、問題なのは、わが国では、異議の応酬が不活発なこともあって、裁判官が異議への対応に必ずしも慣れていないうえ、規則199条の10や同11についても、先に述べたような趣旨を十分に理解しているとは限らないことである。そのため、検察官から出た異議をむげに棄却もできないまま、曖昧な対応をしたり、場合によっては、検察官の異議を認めてしまう場合がある。残念ながら、そのような不適切な判断であっても、法廷での裁判所の判断は絶対であり、重ねて異議を申し立てることは禁じられる（規則206条）。

　そうである以上、弁護人としては、次善の策をとらざるをえない。具体的には、自己矛盾供述部分を、弁護人が読み聞かせることによって、法廷に顕出し、証人にその内容を確認させるのである。さすがに、供述録取書を示すことを認めないような裁判官でも、調書の内容との自己矛盾供述を法廷に顕出することの必要性そのものを否定しないし、弁護人が調書の内容を読み聞かせることも禁じないものである。この点、規則199条の3第4項は、前述のとおり、「書面の朗読その他証人の供述に不当な影響を及ぼすおそれのある方法を避けるように注意しなければならない」と規定する。しかし、これは、あくまで主尋問での誘導尋問であるからこそ、禁止されるのである。朗読という誘導によって、伝聞法則の潜脱がなされることを禁止する趣旨である。反対尋問において、自己矛盾を顕出するために調書の内容を読み聞かせることを禁ずるものではない。

　実際の進行は、以下のようになるであろう。

　弁護人　検察官の異議に理由はありません。
　裁判長　弁護人のおっしゃることもわかりますが、検察官の異議もありますので、弁護人も、調書は示さず、適宜読み上げて誘導されるなどされたらどうでしょうか。
　弁護人　それでは、先ほど署名押印を確認した調書の4頁6行目以下の部分を読みましょう。

　ここで、ひとつ工夫がいる。検察官に以下のように告げておくことである。

弁護人　検察官、4頁6行目ですから誘導がないか確認しておいてくださいよ。

　このように釘を差しておけば、検察官を通じて自己矛盾は明確になるであろう。
　ただし、ここで注意しなければならないのは、調書を一気に読み上げてしまっては、聞き手にはわかりにくく、自己矛盾のインパクトも弱まってしまうことである。たとえば、以下のようなやり方である。

弁護人　それでは、先ほど署名押印を確認した調書の4頁6行目以下の部分を読み上げますよ。「私は、その女性が万引きをするのではないかと思い、その女性の行動を監視するため、いったん女性を追い越して、みそ売場の北側にある冷凍食品売場を通りすぎ、奥にある総菜売場のところから、女性を見ていました。すると、女性は冷凍食品売場のところに来ました。直接女性を注視できなかったので、まわりの様子を窺いながら、女性を見ていますと、女性の右手には3個くらいの冷凍食品が持たれていました。そして、引き続き女性の行動を見ていたところ、右手に持っていた冷凍食品を左肘にかけていた白色カバンの中に入れて、ごそごそと整理していたのです」。こう書かれてあるんです。棚とりのことはどこにも書いてないんですよ。
証　人　……そうなんですか。

　これでは、どこに自己矛盾があるのか、非常にわかりにくい。調書を読み聞かせるにしても、尋問は聞き手にわかりやすいよう短くあるべきである。以下のような工夫をすべきであろう。

弁護人　それでは、先ほど署名押印を確認した調書の4頁6行目以下の部分を読みますよ。まず「女性は冷凍食品売場のところに来ました」とあります。引き続いて「直接女性を注視できなかったので、まわりの様子を窺いながら、女性を見て」いたとあります。このようにあなたが警察官に対し供述したのですね。

証　人　はい。
弁護人　さらに、今の部分に引き続く部分を読みますよ。「女性を見ていますと、女性の右手には3個くらいの冷凍食品が持たれていました」。これもあなたが供述したことですね。
証　人　はい。
弁護人　さらに、それに引き続く部分です。「そして、引き続き女性の行動を見ていたところ、右手に持っていた冷凍食品を左肘にかけていた白色カバンの中に入れて、ごそごそと整理していたのです」。これもあなたの供述ですね。
証　人　はい。
弁護人　最初に読んだ場面は、万引きをする前のことでしたね。
証　人　はい。
弁護人　最後に読んだ場面は、万引きが終わった後のことでしたね。
証　人　そうですね。
弁護人　今読んだ部分に、あなたが目撃した万引きの経過が書かれていることはわかりましたね。
証　人　はい。
弁護人　「棚とり」のことはひと言も出てきませんでしたね。
証　人　……このときは素通りしました。

いかがであろうか。調書の内容を1つ1つ区切りながら、順番にその内容を証人に確認させている。そのことによって、調書を示した場合と同様のインパクトをもって、自己矛盾を浮き彫りにすることができたのである。最後に以下のルールも付け加えておこう。

・自己矛盾を示すために読み聞かせも活用せよ。
・読み聞かせは、短く、コンパクトに。

*1　本稿の議論は、日弁連裁判員制度実施本部内の公判弁護PTにおける髙野隆弁護士の「証人尋問における書面や物の利用」としてレポートされた内容を参考として、筆者（秋田）なりの見解をまとめたものである。髙野弁護士の緻密な論証に対し、筆者は概観的な見解をまとめたにすぎず、本稿の文責は、すべて筆者にある。髙野弁護士の論考は、日本弁護士連合会編『法廷弁護技術』（日本評論社、2007年）137頁以下に掲載されているので、ぜひ参照されたい。

【第8章】少女は嘘をつかないか？
——性犯罪事件の被害者尋問

性的犯罪での反対尋問の難しさ

　性的被害を訴える被害者の反対尋問を素材に、反対尋問の事前準備について考えてみよう。

　どんな事件においても、「被害者」の供述は重視されがちであるが、とくに性犯罪事件ではその傾向が強いであろう。たとえば「被害者は恥ずかしい体験を、詳細かつ具体的に供述しているのであって、その供述は十分に信用性がある」などといった表現は、有罪認定の決まり文句のように使われる。ここに反対尋問の失敗が加われば目も当てられない。「被害者の供述は、弁護人の執拗な反対尋問に対しても、なんら揺らぐことなく、迫真性に富む供述をしているのであって、その信用性に疑いを差し挟む余地はない」などと評価されてしまえば、もはや絶望的である。弁護人にとって、性的「被害者」に対する反対尋問が最大の難問のひとつであることは疑いようもない。

事件の概要と少女の言い分

　しかし、そのような性的「被害者」の尋問でも、反対尋問が功を奏することは決して稀ではない。実際に、性的被害を訴える少女に対する反対尋問による弾劾がひとつの決め手になって無罪となった事案を取り上げてみよう。

　事案は、30代後半の男性が、16歳の少女と性行為をもったことが児童福祉法違反に問われた事件である[*1]。

　被害を訴える少女は、被告人が店長をしている飲食店のアルバイトであり、1カ月前に入店したばかりであった。少女の供述によれば、入店後少女

は、店長のことを「うざい」と思っていたが、ある晩の閉店後、他の従業員が帰って2人きりになってしまった。少女としては嫌で仕方がなかったが、被告人から酒を飲まされたうえ、手を引っ張られてむりやり隣に座らされてとうとうセックスを迫られてしまったという。そして店長の求めを拒めば、せっかく決まったアルバイトをクビになってしまうのではないかと恐れて、嫌々ながらそのまま店内で関係に応じてしまったというのである。つまり被告人は、店長とアルバイトという地位を利用し、少女に対して「事実上の影響力を行使して」「淫行をさせた」として児童福祉法違反に問われたのである。

　それだけを聞けば、閉店後の店内で若い少女と2人きりになり、欲望をそのまま実現させた中年男性店長の強姦ともいえる事件である。実際少女は、関係を持ったという翌日から店を休み、2日後には警察に強姦被害を訴え出ている。警察にまで被害を訴えるとなれば、一見あえて嘘を言っているとも思えない話である。

被告人の言い分

　それでは、これに対する被告人の言い分はどのようなものだったであろうか。

　被告人は、確かに閉店後少女と一緒に飲酒をして、店内で関係を持ったことは事実だと認めていた。しかし、その経過についての言い分は、少女の供述とは180度異なっていた。

　被告人によれば、少女は、他の従業員が帰るときに一緒に帰ろうとせず、自ら被告人しか残らない店内に残り、「店長、私も飲んでいいですか」と言って飲酒を始め、被告人の隣に座ってきたという。そして、世間話をしているうちに、次第に話題が男女関係の話になり、少女のほうから「ラブホテルに連れて行ってくれる？」などと言い出した。2人は自然にキスをすることになり、そのまま関係を持つことになったというのである。つまり、むしろ少女のほうが積極的であり、完全な合意の下の行為だったというのである。

　この被告人の言い分を前提とすれば、「事実上の影響力を及ぼして淫行をするように働きかけ、その結果児童をして淫行をするにいたらせた」とはいえないであろう。

弁護人はどのような事前準備をすべきか

　とはいっても、すべては密室での出来事である。その言い分は、少女供述と水かけ論の域を出ていない。仮に水かけ論のままでは、結果は目に見えているであろう。「恥ずかしいことをあえて供述する」少女供述と「自己の刑責を免れる動機のある」中年男の供述のいずれが信用されやすいか、多言を要すまい。無罪を勝ち取るためには、弁護人としては、少女供述を徹底的に弾劾しなければならないのである。それでは、少女供述を弾劾するために、弁護人として、どのような事前準備をすべきであろうか。とくに、上記の被告人の言い分を前提に、弁護人は、さらに被告人からどのようなことに重点を置いて事情聴取すべきであろうか。読者も、これまで述べてきたダイヤモンドルールを参考に、考えてみてほしい。

仮想反対尋問――失敗例

　実際の事件で、どのような事前準備がなされたかを明らかにする前に、これまでと同様、ありがちな失敗例を見てみよう。性的被害の事件では、往々にして次のような尋問をしてしまうのではないだろうか。

　弁護人　あなたは、今回店長と関係を持つまでにも、男性経験はあるよね。
　証　人　……はい。
　弁護人　店長みたいな年上の男性とも経験をしたことはあったのかな。
　証　人　そんなのないです。
　弁護人　年上の男性とセックスすることに、関心があったのではないの。
　証　人　そんなことはありません。
　弁護人　今回店長から暴行を振るわれたわけではないよね。
　証　人　……それは違いますけど。
　弁護人　断ろうと思えば、断れたでしょう。
　証　人　いいえ、断れませんでした。
　弁護人　でも、2人きりになる必要はなかったよね。
　証　人　それは、そうですけど……。
　弁護人　店長に、男性として魅力を感じてたから2人きりになったのでは

証　　人　ないの。
証　　人　そんなことありません。うざいと思っていました。
弁護人　あなたは、店長と関係を持つまで、かなり長い間店の中にいたでしょう。
証　　人　店長より先に帰りにくかったからです。
弁護人　あなたのほうからラブホテルに連れて行ってほしい、と言ったのではないの。
証　　人　そんなこと言っていません。
弁護人　店長とキスもしたのではないの。
証　　人　……拒めなかったんです。
弁護人　店長に気があったから、許したのではないの。
証　　人　違います。
弁護人　関係を持ったときの状況ですが、○○といった行為や、○○といった行為をしていませんか。
証　　人　……しました。
弁護人　そんな行為も断れなかったというの。
証　　人　……できませんでした。
弁護人　店長に気があったから、そんな行為も許したのではないの。
証　　人　……弁護士に、私の気持ちがわかるんですか。私、むりやり関係持たされたんですよ。好きでもない人と！　好きでもない人にキスされて犯されたんですよ！　思い出すだけでも気持ち悪いのに！（泣き出す）

　これでは最悪であろう。構図としては、弁護人が、被害状況を根掘り葉掘り執拗に問いつめた結果、性的犯罪の「被害者」を泣かせてしまっている。弁護人が反対尋問で、二次的な性的被害を引き起こしているという非難すら招きかねない。
　ただこの尋問は、一見ダイヤモンドルールに則っているようでもある。尋問は誘導尋問だけで組み立てられている。尋問の趣旨も、無理矢理関係を持たされたという少女の供述が、キスやいろいろな性行為を許したことと矛盾していると言いたいようである。この尋問は、実際には少女のほうが積極的だったという被告人の言い分を裏づけようとする努力の表れだと見ることも

できる。

　しかし、仮に尋問者が、そのような工夫のつもりでこの尋問を組み立てていたとしても、結果が伴わなければ何の意味もない。そして、この尋問の結果はやはり最悪であるといわざるをえない。実際、ダイヤモンドルールを意識しながらも、事前準備を誤り、失敗している尋問も多いように思われる。

　では、どうしてこの尋問は失敗したのであろうか。どのような尋問をすべきだったのであろうか。その種明かしの前に、実際に行われた尋問を見てみよう。

実際に行われた尋問――成功例

弁護人　あなたは女友だちと遊んだりするよね。
証　人　はい。
弁護人　そういうときに、どんなことをして過ごしますか。
証　人　買い物行ったりとか、しゃべったりとか。
弁護人　おしゃべりでは、どんな話題が多い。
証　人　彼氏の話とか。
弁護人　恋愛のこととかだよね。
証　人　はい。
弁護人　自分の身の上話とかはするのかな。
証　人　私のですか。
弁護人　そう、あなたの身の上話とか、家族の話とか。
証　人　しないです。
弁護人　しないの。
証　人　はい。
弁護人　じゃあ、趣味の話なんかはしないかな。
証　人　しないです。
弁護人　言わないようにしていたのかな。
証　人　言う必要ないから言わない。
弁護人　自分のことはあまり言いたくないという気持ちもあったのかな。
証　人　はい。

先ほどの失敗例とは違って、ここで尋問者は、事件とは関係のない話を聞き始めている。続けて先を見てみよう。

弁護人　バイトの休憩時間は、毎日２時間ずつあったんだよね。
証　人　はい。
弁護人　休憩室があったんだよね。
証　人　はい。
弁護人　あなたは休憩は休憩室で過ごしていたのかな。
証　人　……。
弁護人　喫茶店に行ってなかったかな。
証　人　いつも、店の近くにある珈琲苑っていう喫茶店に店長に連れて行かれてたんです。
弁護人　あなたは、小さい頃池田市に住んでいたのですね。
証　人　はい。
弁護人　お父さんは鉄工関係の仕事をしていたのかな。
証　人　はい。
弁護人　それから、お母さんはお父さんと離婚して豊中市に住むようになったのかな。
証　人　はい。
弁護人　その後、ちょくちょく引っ越しをしているんだよね。
証　人　はい。
弁護人　あなたは中学校のとき、越境通学もしたことがあるんだったかな。
証　人　はい。
弁護人　お母さんは自動車関係のお仕事をしているのかな。
証　人　はい。
弁護人　はじめは、営業のお仕事をしていたんだよね。
証　人　はい。
弁護人　今は事務職に変わったのかな。
証　人　そうです。
弁護人　それと、あなたは大ケガをして入院したことがあるよね。
証　人　はい。

弁護人　そのときの主治医の先生はひげの先生だったんだよね。
証　人　はい。
弁護人　お名前は北村先生だよね。
証　人　はい。
弁護人　それからあなたは、スヌーピーが好きだよね。
証　人　はい。
弁護人　スヌーピーが趣味なんだよね。
証　人　はい。

　ご覧のように、さらに事件とは一見関係のない尋問が続いている。最後の問いは、少女のスヌーピー趣味である。なぜこのような尋問をしているのであろうか。実際に行われた尋問では、ここで裁判官から、「事件とはいったいどういう関連があるのか」と釈明を求められている。これに対し弁護人は、「今わかります」と答えて、次の尋問に移ったのである。

弁護人　今聞いたような話なんだけど、あなたこういうことを店長にしゃべってきたでしょう。
証　人　……。
弁護人　今、私が聞いてきたことは、店長に話したことがありますよね。
証　人　……はい。

　おわかりであろう。少女によれば、店長のことを日頃から「うざい」と思っていたはずである。女友だちにも自分の身の上話はあまり話さなかったはずである。ところが少女は、「うざい」はずの店長に、自分の身の上話などをしていたことを認めたのである。少女の答えに、釈明を求めたばかりの裁判官は多少なりとも驚いたようである。尋問に介入する形で少女に「話したというのは、弁護人から聞かれていた話すべてということ？　よく聞いて答えてね」と確認してきた。そこで弁護人は、さらに次のように尋問を続けた。

弁護人　では確認しますよ。先ほど聞いた、引っ越しのこと、ご両親の仕事のこと、入院の話、スヌーピーの趣味なんか、どれも店長に話してきたんだよね。

証　人　　はい。
弁護人　　そういう話を、休憩中の喫茶店でしましたよね。
証　人　　はい。
弁護人　　さっき聞いたけど、ほとんど毎日のように休憩時間は店長と喫茶店に行ってたんでしょう。
証　人　　はい。

　実は少女は、被告人と毎日のように喫茶店に行き、世間話や身の上話をしていたのである。「うざい」どころか、少女と被告人の親しげな関係が浮かび上がってくるであろう。さらに弁護人はたたみかけている。

弁護人　　それから、事件より前にも、店が終わったあと、店長と２人だけになったことがあるよね。
証　人　　はい。
弁護人　　そのときにも話したでしょ。
証　人　　はい。
弁護人　　あなたの定期券だけど、事件のあった日に切れたよね。
証　人　　はい。
弁護人　　定期券は、梅田まで行かなければ買えなかったんだよね。
証　人　　はい。
弁護人　　あなたは、梅田のことをよく知らなかったでしょう。
証　人　　はい。
弁護人　　そういうことを店長に言わなかったかな。
証　人　　どういう意味ですか。
弁護人　　梅田のことはよく知らないから、店長について来てって言わなかったかな。
証　人　　……。
弁護人　　言ったでしょう。
証　人　　そういう言い方はしてないと思います。
弁護人　　言い方はともかく、あなたから店長について来て、と頼んだよね。
証　人　　はい。
弁護人　　休憩時間のときに、梅田まで店長について来てもらったでしょ

【第8章】少女は嘘をつかないか？──性犯罪事件の被害者尋問

う。
証　人　　はい。
弁護人　　梅田にあるスヌーピーグッズ専門の「スヌーピータウン」にもついて来てもらったんだよね。
証　人　　……はい。（以下略）

尋問で使われた技術とシミュレーション

　いかがだろうか。少女はいろいろ身の上話をするだけでなく、趣味のスヌーピーの店にまで被告人について来てもらっていたのである。むしろ少女のほうが被告人を頼っていた関係が浮かび上がったといえるだろう。
　本件で用いられている尋問技術は、これまで述べてきた

- 誘導尋問をせよ。
- 矛盾する周辺事実を積み重ねよ。

というルールだけである。被告人を「うざいと思っていた」という少女供述と矛盾する事実をとにかく積み重ねたのである。
　こう書いてしまえば、誰にでも効果的な反対尋問ができそうに思われるが、実際にはそう簡単ではない。先に見た仮想尋問例においても、矛盾を突こうとはしていた。「無理矢理関係を持たされた」という少女供述の内容と、実際の性行為の内容との矛盾である。しかし、結果は先のとおりの失敗となってしまった。
　どうしてこうなったのだろうか。要は、何を矛盾する事実として積み重ねるかである。本件で弁護人は、被告人から、「少女とは親しかった。関係を強制したなどということは絶対にない」と聞かされていた。ここまでは、どの弁護人でも聞く内容であろう。問題は、その先である。失敗例では、とにかく事件と直接関わる性交渉の場面ばかりを話題にしている。これはきわめて危険である。弁護側にとって、「被害者」に性的な行為を具体的に語られることのダメージが大きいからである。さらにそのような尋問は、証人だけでなく、裁判官にも、尋問そのものに対する悪感情を与えかねない。性的被害の事件で、性行為そのものを尋問の対象とすることは、できるだけ避けるべきと言

える。

　それではどうすべきか。実際の尋問例では、対象を広げて、従前の少女との関係にまで遡って、少女供述との矛盾を探したのである。その結果、被告人から、少女とは事件前から親しい関係にあったことを聞き出した。このような点であれば、尋問しても問題は生じにくい。

　もっとも、ここまでならそれほど難しい話ではない。読者も「それくらいのことなら当然気づいた」と思われたのではないだろうか。しかし、それだけでは不十分なのである。実は本件の弁護人は、もう一工夫している。被告人から、少女と親しかったことを示すエピソードをできるだけ具体的に聴取することに努めたのである。とくに、喫茶店での少女とのやりとりについては、被告人に対し、少女の言葉をできるだけ詳しく思い出して、手紙に書いて送るようにと指示した。実際の尋問例は、この指示に基づき、被告人から送られた手紙の内容を基にしたものだったのである。もしこの作業をしていなかったらどうなっていたであろう。たとえば、少女に喫茶店に行っていたことを認めさせたとしても、「店長にしつこく誘われたからついて行ったにすぎない」とでも弁解されてしまえば終わりである。しかし、単に喫茶店に行ったというだけではなく、少女がそこで「スヌーピーが趣味」と語ったという事実は、被告人と少女の関係を雄弁に物語っているといえるだろう。

　これに対し、失敗例はどうだったであろうか。実は少女に対し、具体的事実ではなく、抽象的な評価をぶつけている尋問が多いのである。「年上男性への関心」「断ろうと思えば断れた」「2人きりになる必要はなかった」「男性として魅力を感じていた」「長い間店の中にいた」などという問いかけである。これは、矛盾を突いているように見えて、実は証人と押し問答をしているにすぎない。このような評価をぶつけても、証人は必死になって反論してくる。そうなれば水かけ論に陥るのが関の山であろう。この例を見れば、これまで述べてきた

・**事実に語らしめよ。**

というルールのイメージがおわかりいただけると思われる。矛盾を突くためには、弁解の余地のない具体的な事実を突きつけること、これこそが重要なのである。

そして、矛盾する事実を積み重ねるための事前準備として

　　・エピソードを探せ。

という新しいルールを提示することができるであろう。弁護人は、尋問の事前準備において、どうしても訴訟上の「争点」を中心にして事情聴取をしがちである。そのため弁護人は、限られた接見時間の中では、先に紹介した失敗例のように、「合意があったか否か」に直接関わる事実のみの聴取に終始してしまいがちではないだろうか。そしてその直接的な事実のみによって尋問を組み立ててしまうから、反対尋問に失敗することが多いといえよう。これに対し本件で弁護人は、「争点には一見かかわらないと思われる具体的事実＝エピソード」を蓄積することで少女供述を弾劾した。言い換えれば争点を直接に物語るものではない事実であるように見え、かつ、一見聴取する必要がないように見える事実ではあっても、その事実が実は争点に関して重大な周辺事実であることも多いのである。このようなエピソードを探すことが事前準備の重要なポイントになってくるのである。

　この事件の判決は、行為の際、少女が抵抗の態度を示していないこと、他の店員が帰ったにもかかわらず被告人と２人きりで店内に残ったことのほか、「被告人と少女とは、同女の入店以来、職場の休憩時間を近くの喫茶店で２人で過ごすことも多く……、本件当日には、被告人は、少女の頼みを聞き入れて同女の電車定期券購入のために駅まで同女に同行するなどしており、このようにかねてより２人は相当親密な関係にあり、少女が被告人を嫌っているような状況にはなかったことが窺われること」を理由の柱として、「少女の供述はいささか不自然であって直ちには採用しがたい」とした。そのうえで、少女との関係は、被告人が雇用関係上の立場を利用し事実上の影響力を行使してなされたものであるとは認定できないとして、被告人に無罪を言い渡したのである。

関連性との関係

　ところで、本件のような尋問に対しては、「関連性が明らかでない」との異議が出される可能性がある。実際本件でも、裁判官は尋問途中に関連性につ

いて釈明を求めてきている。刑訴規則199条の14第1項は、2005（平成17）年に改正された際、「訴訟関係人は、……尋問する場合には、その関連性が明らかになるような尋問をすることその他の方法により、裁判所にその関連性を明らかにしなければならない」と規定された。この規則によれば、関連性が明らかではない尋問が許されないと思われるかもしれない。

　しかし、そのような心配は無用である。確かに「関連性がない」尋問は許されない（刑訴法295条）。尋問の方法としても適当ではない。しかし、この規則は、「関連性が明らかではない」尋問そのものを禁じたものではない。直ちに「関連性が明らかではない」尋問でも、「関連性がある」尋問は当然に許されるのである。反対尋問では、証人につじつま合わせの弁解をされないよう、尋問者の意図を事前に証人に察知されないことが1つのテクニックである。このため反対尋問では、関連性がある場合でも、尋問の途中ではその関連性を明らかにできないことがあるのは、むしろ当然なのである。本件がその典型である。刑訴規則199条の14第1項の2005（平成17）年改正でも、本件のように「関連性はあるが、尋問途中では関連性を明らかにできない」ことがあることを前提として、尋問そのもので関連性を明らかにすることを求めず、（尋問以外の）「その他の方法により」関連性を明らかにすれば足りると定められた経緯がある。したがって、「関連性が明らかではない」との異議が出されても、なんら動じることなく「規則は、尋問の時点で関連性が明らかになっていない尋問を禁じたものではない。今直ちに関連性が明らかでなくても、この尋問には関連性がある。その点は、後に明らかになる」と反論すればよい。

　もっとも、関連性のわからない尋問を延々と続けることによって、裁判官や裁判員、すなわち聞き手が尋問そのものに関心を失っては元も子もない。それではどうすべきか。尋問のメリハリを意識すべきである。一見関連性が明らかでなくとも、弁護人の尋問がテンポよく、メリハリがあり、その態度も自信に溢れていれば、事実認定者は、いらつきを感じるよりも、何かあるのではないか、とその後の展開に期待を抱くはずである。もちろん、事実認定者を失望させてはならない。弁護人は、必ずその期待に的確に応え、時機を見て、証人を的確に弾劾しなければならないのである。

*1　児童福祉法34条1項6号は「児童に淫行をさせる行為」を禁じている。罰則は、「10年以下の懲役若しくは300万円以下の罰金に処し、又はこれを併科する」ときわめて重い（60条）。したがって、青少年保護育成条例等で禁じられる、18歳未満の児童に対して淫行を「する」行為とは異なり、児童福祉法違反となるためには、「淫行をする行為に包摂される程度を超え、児童に対し、事実上の影響力を及ぼして淫行をするように働きかけ、その結果児童をして淫行をするにいたらせることが必要」であるとされている（東京高判平成8年10月30日判タ940号275頁）。つまり、児童の性交の相手方となることをもって、直ちに同法違反となるわけではなく、児童に対する「事実上の影響力行使」が必要なのである。

【第9章】さびしき家出少女の嘘
――続・性犯罪事件の被害者尋問

　今度は、性的被害を訴える児童買春事件の「被害者」の反対尋問を素材に、反対尋問の事前準備について考えてみたい。
　公訴事実は簡単にいうと、被告人は、平成○年11月中旬頃と、同年12月上旬頃の2回にわたって、14歳の少女に金を払って性交等をしたという児童買春の事案である。

少女の供述と被告人の言い分

　少女の捜査段階の供述によれば、被告人と関係を持った経緯は以下のようなものであった。「11月12日から24日まで家出をしていた。家出の初めの頃は野宿をして過ごしていた。野宿をしていた11月中頃、梅田[*1]の繁華街を歩いていたら、被告人にナンパされて、ホテルに誘われた。家出中でお金もなかったから、ホテルについて行き1万円で援助交際をすることになった。被告人と別れた後、梅田でゆみちゃんという女の子と知り合い、ゆみちゃんの家に泊めてもらった。ゆみちゃんから携帯電話をもらったので、その番号を被告人に教えた。12月初め頃、被告人からその携帯電話に連絡があり、5,000円をもらって援助交際をした」。それだけを聞けばもっともらしい話である。
　これに対し被告人は、少女と関係を持ったことは認めつつも、次のように述べて、否認した。「少女と知り合ったのは、ナンパではなく、テレクラの相手だったから。時期も少女が述べる11月中頃ではなく、テレクラの会員になった12月4日のこと。翌5日に梅田で待ち合わせて、ホテルで関係を持った。彼女は19歳だと言っていたし、実際会ってみても、化粧もしていたので、18歳未満とは思わなかった。つきあおうかと言うと、私でいいの？と言って

つきあうことになった。その1週間後くらいに梅田で待ち合わせて関係を持ったが、2回ともお金は絶対に払っていない」。

　関係を持った時期、買春対価の供与、年齢知情という構成要件要素をほぼ全面的に争う内容である。結論的には、裁判所は少女供述の信用性を否定し、被告人の言い分のうち年齢知情を除くほとんどの点を認めて、被告人に無罪を言い渡した。

　弁護人はどうやって少女供述を弾劾したのであろうか。

　なお、第8章では「性的被害の事件で、性行為そのものを尋問の対象とすることはできるだけ避けるべきである」と指摘した。本件でも、弁護人は、性行為そのものについては一切尋ねていない。

実際に行われた尋問──成功例

　まず実際に行われた尋問を見てみることにしよう。

　　弁護人　あなたは、家出したときに被告人と知り合ったんですね。
　　少　女　はい。
　　弁護人　ナンパされたんだよね。
　　少　女　はい。
　　弁護人　ナンパされるまでは、野宿していたんだね。
　　少　女　そうです。
　　弁護人　あなたが泊まっていた場所は、ミナミあたりでしたよね。
　　少　女　そうです。
　　弁護人　繁華街ですね。
　　少　女　はい。
　　弁護人　寝泊りしたのはどんなところだったの。
　　少　女　全部公園です。
　　弁護人　どこの公園かな。
❶少　女　どこだったかな……けっこう毎日場所を変えていたんで。
　　弁護人　寝る場所を見つけるのは大変だったでしょう。
　　少　女　大変でしたよ。
　　弁護人　大変だったら、やっと見つけて寝た場所のことは覚えているで

　　　　しょう。
❷少　女　だって、同じところにいたわけじゃないし。
　弁護人　どこでもいいから1つ思い出せるところはありますか。
　少　女　……ミナミのコスモスガーデンの上とか。けっこう公園っぽくて。
　弁護人　そのコスモスガーデンの具体的にどういう場所なの。
　少　女　だから、風の当たらない場所です。
　弁護人　風の当たらない場所というのは。
　少　女　木の後ろとか。
　弁護人　あなたが家出をしていた11月の気温を調べたら、最低気温が10度を切るような日もあったんですよ。木の後ろにいても寒さはしのげないね。
　少　女　だから寝てませんよ。
　弁護人　じゃあ、何をしていたか言えることはありますか。
❸少　女　寒かったら、別の場所を探すし。
　弁護人　コスモスガーデン以外ではどんなところで泊まったのかな。
❹少　女　ほとんどコスモスガーデンです。
　弁護人　場所を変えたんじゃなかったの。
❺少　女　コスモスガーデンの中で、場所を変えたんです。
　弁護人　じゃあ、何日もコスモスガーデンの中にいたんだから、コスモスガーデンの中は詳しく説明できるよね。
❻少　女　でも、そんなには変えてないし……。

　いかがだろうか。少女の証言がしどろもどろになっていることが一目瞭然であろう。野宿した場所を具体的に追及された少女は、いったん「いろいろ場所を変えた」と言い逃れようとした（❶、❷、❸）。しかし、さらに「いろいろの場所」が特定できないことを追及されるや、「いろいろ……変えた」から「ほとんどコスモスガーデンにいた」へと、完全に矛盾する証言を始めた（❹）。その矛盾を追及されると、今度は「コスモスガーデンの中で場所を変えた」との弁解を始めたのである（❺）。しかし、追及は終わらない。さらにコスモスガーデンについての説明を求めると、「そんなに変えていない」と、それこそ支離滅裂な弁解になってしまったのである（❻）。それ以外にも、寒

かったはずだと追及されると、「寒かったら、別の場所を探すし」(❸)などと、少女の答えは、問われるままに場当たり的で、何の迫真性もなかった。

　どうしてこのような結果になったのだろうか。その種明かしの前に、もう１つ、家出中に知り合った女友だちの「ゆみちゃん」についての尋問を見よう。

　　弁護人　被告人にナンパされた日、ゆみちゃんという女の子と知り合ったんだよね。
　　少　女　はい。
　　弁護人　その日にはゆみちゃんに泊めてもらったと言ってますね。
　　少　女　はい。それに、携帯もくれたんです。
　　弁護人　野宿が続いていたところに泊めてくれる人が見つかったんだから、ほっとしたでしょう。
　　少　女　はい。
　　弁護人　ゆみちゃんの家には、その後寝泊りさせてもらったのかな。
　　少　女　何日かは。
　　弁護人　あとでゆみちゃんの家に行ったこともあるの。
　　少　女　ありますよ。
　　弁護人　１人で行ったのかな。
　　少　女　はい。
　　弁護人　ゆみちゃんとは、気が合ったのかな。
　　少　女　はい。
　　弁護人　家出しているところを助けてくれて、気も合って、あなたにとったら大切な友だちの一人ということになるのかな。
　　少　女　はい。
　　弁護人　ゆみちゃんの電話番号は、今も携帯電話に登録してあるよね。
　　少　女　今ですか。わかりません。
　　弁護人　家出から帰って、ゆみちゃんと会ったことはあるの。
　　少　女　ありますよ、１回か２回。
　　弁護人　ゆみちゃんの苗字はわかりますか。
　　少　女　わかりませんよ。
　　弁護人　自宅の場所はわかりますか。

少　女　わかりません。

　少女にとっては、「ゆみちゃん」は家出中に野宿から助け出してくれた存在である。しかも、携帯までくれたという。当然少女にとって、大切な友だちのはずである。少女自身もそのことを認め、何度か１人で「ゆみちゃん」の家に行ったとも認めた。ところが、少女は、その大切なはずの「ゆみちゃん」の電話番号も、苗字も、自宅もわからない、というのである。この少女供述におよそ信用性がないことは明らかであろう。

少女の嘘をどうやって見抜いたのか？──弁護人の考察

　実は、ここで用いられているテクニックも、従前語ってきたものと基本的には同じである。
　要は、「野宿」や「ゆみちゃんの存在」と矛盾する周辺事実を積み重ねているのである。ただ、一部違うところもある。「どこの公園かな」「具体的にどういう場所なの」「何をしていた」「詳しく説明できるよね」などとオープンな尋問が用いられていることである。オープンな尋問は反対尋問ではタブーだったはずである。しかし、このような尋問をしたことにも理由がある。弁護人は、オープンな質問をしても、少女がまともに答えられないと事前に予測していたのである。どうしてそのような予測が可能だったのか。弁護人は、少女供述に現れる「野宿」も「ゆみちゃん」も架空話であると確信したうえで、反対尋問に臨んでいたからである。
　では、弁護人はどうして、そのような確信を持つに至ったのだろうか。その背景には、弁護人のある考察があった。尋問前、弁護人（男性）は、少女供述を信用できないとは思いつつ、この世代の少女心理がわからないこともあって、「少女はなぜ嘘をついているのだろう」という点については明確な理由が理解できなかった。そこで、知り合いの女性弁護士だけでなく、妻や事務員など、手当たり次第まわりにいる女性の心理を聞いて回って、少女の心理について考察を重ねたのである。中学１年生の姪からは、女子中学生の最近の流行や学校生活を根掘り葉掘り聞き出した。もっとも、弁護人が話を聞いた女性らは、誰も家出経験があるわけでもなく、当該少女の心理については、どうもピンとくるものがない。そこで、少女向け雑誌や女性タレントの

告白本にも目を通した。しかしなお隔靴掻痒の感が否めなかった。

　そんなとき弁護人が偶然本屋で見つけたのが、最近の少女非行の実態についてのレポートである*2。そのレポートによれば、家出少女たちは、よく家出中に「野宿していた」とか「女友だちの家に泊めてもらっていた」とか弁解するという。しかし、実際には援助交際などで知り合った男性のところに身を寄せていることが多いというのである。考えてみれば、家出少女に可能な弁解は、「野宿」か「女友だち」くらいしかない。本件の少女の弁解もその典型例である。野宿も「ゆみちゃん」も架空話ではないか、と思えてきたのである。

　そのような観点から記録を読み直してみると、少女の供述する「野宿」も「ゆみちゃん」も何ら具体性も迫真性もないことが明らかであった。実際に野宿ができる気温だったかどうかを調べてみることも、すぐに思い至った。さらに、検察官に対し、少女の携帯電話の契約者についての証拠開示を求めたところ、「ゆみちゃん」からもらったはずの携帯の契約者が、「ゆみちゃん」の家からほど遠い少女の自宅近くに住む男性であったことがわかった。

　ここまでくれば、「野宿」も「ゆみちゃん」も架空であるとの確信はまったく揺らぎのないものになった。その結果が、前記の尋問につながったのである。

さびしき少女——アナザーストーリーの展開

　ただ、本件では以上の点だけでは、考察としては十分ではない。「野宿」にせよ、「ゆみちゃん」にせよ、少女供述の信用性を弾劾する要素ではあるが、本件の核心部分とはいいきれないからである。仮に「野宿」「ゆみちゃん」が否定されても、被告人が少女と関係を持ったことを認めている以上、それが対価を伴った援助交際であると認定されてしまえば、一巻の終わりである。弁護人にとって重要な課題は、対価の供与という買春の本質的部分についてまでの少女供述の信用性を否定できるかどうかであった。

　実はここでも、弁護人が、「少女心理」を探ろうとしていたこと、そして、先のレポートが役に立った。レポートでは、思春期に援助交際を行う少女のなかには、対人関係におけるさびしさを埋めるために性に走るものが多いというのである*3。このレポートを読み、弁護人は、少女はさびしかったのではないかと考えた。少女の調書の中には、被告人に対する悪感情ばかりが綴ら

れているが、被告人から話を聞くと、少女は「つきあおうか？」と言ったときに、はにかんだうれしそうな表情をし、「私でいいの？」と言ったのだという。また少女の保護者の調書には、当時少女が「彼氏ができたかもしれない」などと漏らしていたことが記載されていた。恋愛感情があれば、対価は必然的なものではなくなる。そこで弁護人は、さびしさを埋め合わせるためにテレクラ遊びをしていた少女が、恋愛感情を抱いた被告人と対価のない肉体関係に及んだ、とのアナザーストーリーを描いたうえで、反対尋問に臨んだのである。

　結果として、この予想も的中した。反対尋問の中で少女の生活状況を確認したところ、当時少女は、長らく不登校で、同世代の友人がほとんどいなかったことが判明した。気性の激しい保護者とも折り合いは決してよくなく、それが２週間にもわたる家出につながっていた。家出から帰った後も、少女の不登校は続き、友人もなく、無為に日々を過ごしていたことも明らかとなった。テレクラ遊びそのものは否定したが、被告人に対する当時の思いについて尋ねると、少女は、「ときめきました」「彼氏かもしんないと思いました」などと、正直な真情を吐露したのである。

　弁護人は、反対尋問においてこれだけの事実を引き出しておいたうえで、弁論で「学校にも溶け込めず、家庭環境に不満を感じ、精神的に不安定になって強い寂寞の感情を抱いていた少女が刹那的な人間関係を求めてテレクラに電話をし、そこで出会った被告人は少女を金で買おうとせず一人前の女性扱いしたことから、被告人に対して恋愛感情を抱いたとしても不自然ではない」と論じた。これに対し判決も「不安定な生活状況、満たされない精神状態にあった少女が、さびしさを埋め合わせるために男性との出会いを求めてテレクラに電話をかけ、そこで知り合い性交渉を持った被告人に対し擬似恋愛感情を抱いて対価のない男女関係を続けた、との弁護人の指摘もそれなりに真実味を帯びており、単なる憶測の域を出ないとして片づけるのは強弁に過ぎよう」としたのである。

浮かび上がるルール

　本件からどのようなルールを導き出すことができるであろうか。
　まず第一に、これまでにも指摘してきたことであるが、

・徹底的にシミュレートせよ。

とのルールを挙げることができるであろう。そして、

・アナザーストーリーを見極めよ。

とのルールも追加できるであろう。問題は、どうやってシミュレートし、アナザーストーリーを見極めるかである。本件で成功したのは、「虚偽供述の動機」をはじめ、少女心理を徹底的に探ったことであろう。その意味では、新たに

・証人の心理をシミュレートせよ。

というルールを提示することもできるであろう。また、「さびしき少女」論で明らかなとおり、反対尋問だけで裁判所を説得できるとはかぎらない。さらに次のルールもつけ加えておこう。

・弁論との合わせ技で攻めろ。

*1　実在する地名が登場するが、モデルとなった事件の現場を適宜修正している。
*2　野代仁子『非行を叱る——カウンセラーのノートから』(文藝春秋、1999年)。
*3　野代・前掲書119頁。

【第10章】証人の言い逃れを許すな！
──弁解を封ずる高等テクニック

　反対尋問をしていると、証人に「ああ言えば、こう言う」式に巧妙にはぐらかされてしまって、尋問の焦点がぼけてしまったという経験はないであろうか。

　しかし、証人に言い逃れを許しているようでは、効果的な反対尋問はおぼつかない。

　反対尋問でよく見られる証人の弁解パターンを例に挙げ、証人の言い逃れを許さない方法について考えてみよう。

事件の概要

　事案は、ある銃刀法違反事件である。元暴力団の組長であった人物の妻A子が、拳銃2丁を持って警察署に自首してきた。A子は夫の女性関係などから、離婚を決意して家出をしたが、その家出の際に自宅に隠し持っていた拳銃2丁を持ち出し、警察に届けたというのである。A子の供述に基づいて逮捕・起訴された被告人は、「拳銃のことなどまったく知らない。A子が有利な条件で離婚しようとして、拳銃を使って自分を陥れようとしたと思う。A子自身も暴力団関係者と交際があり、拳銃を入手して自分を陥れることは可能だ」などと主張して、全面的に否認した。

　被告人が拳銃を所持していたかどうかについては、A子の供述以外に証拠はなく、その信用性如何が、被告人の有罪・無罪を決することとなった。A子の供述の信用性には多くのポイントがあるが、今回取り上げるのは、A子が初めて被告人の拳銃所持を目撃した場面についての供述である。この点について、反対尋問に先立ち、弁護人の手元には、以下のようなA子供述が手

に入った（なお、以下の資料は実際の事件を参考にしているが、日付その他の内容は適宜修正してある）。

2004（平成16）年12月5日付自首調書
　　私が初めて拳銃を見たのは、家出をする直前の平成16年12月2日午後5時頃でした。見た場所は、自宅の1階ガレージ内です。その日、私は、ガレージ内を掃除していて、工具箱の中に、黒色のセカンドバッグを見つけたのです。セカンドバッグを開けてみると、中に白っぽい風呂敷があり、触れてみると、固くて重たい感じのものが入っていたので、風呂敷を開けてみました。すると、ズシッと重い拳銃2丁が入っていました。さらに、バッグの中には、茶色の油紙の中に包まれた拳銃の玉がたくさん入っていました。私は、胸がドキドキして、どうしようかと思いました。

2004（平成16）年12月6日付警察官調書
　　平成14年12月、組の内部でもめごとが起こり、そのもめごとの次の日主人が黒色のセカンドバッグを持って帰ってきました。そして、その日の夜中、当時住んでいた家のリビングで拳銃2丁を磨いているのを見ました。昨日出頭した際、拳銃を見たのは初めてですと言っていましたが、本当はそのときも拳銃を見ていたのです。その話をしたら罪になると思い、昨日は話せませんでした。そして、平成16年12月2日午後5時頃、1階のガレージを掃除しているとき、工具箱を見つけ、中を調べたら黒色セカンドバッグが置いてあったのです。

2005（平成17）年1月21日付検察官調書
　　平成14年の年末のことだと思いますが、組の中で主人が関係して何かトラブルが起こったようでした。その頃、主人が自宅2階リビングで拳銃2丁を磨いているのをこの目で見たのです。組のトラブルがあった頃のことですから、私は当然本物の拳銃だと思いました。私は、初めて拳銃を見てぎょっとしました。

2005（平成17）年7月15日付報告書
　　私が、夫の拳銃を見たのは、平成12年に組事務所を開いた頃で、夫は、

蓮根式の拳銃2丁を持っていました。

すでに読者には、何が反対尋問のポイントになるかはおわかりであろう。拳銃を初めて見たときについて、A子の供述は、「家出をする直前の平成16年12月2日」→「組のもめごとがあった平成14年12月末頃」→「平成12年に組事務所を開いた頃」と変遷しているのである。さらに、検察官の主尋問でA子は、拳銃を初めて見た時期は平成13、14年ぐらいという以上にはっきりしないが、被告人が黒いバッグに入れて持っているのは知っていた、と証言した。このA子の供述変遷をいかに浮き彫りにするかが、反対尋問の獲得目標となったのである。

仮想反対尋問──失敗例

A子証人は、非常に頭脳明晰で弁が立つ女性であった。このような証人を漫然と反対尋問しても、さまざまな弁解を聞かされるばかりになってしまう。そのような弁解をされてしまう仮想反対尋問を見てみよう。

弁護人　あなたは本件拳銃をいつ一番初めに見たんですか。
証　人　だから、それはいつ何月何日とかいうんじゃなくって、平成13、14年ぐらいと思いますけど。
弁護人　あなたは平成16年12月5日に拳銃を持って自首しましたね。
証　人　はい。
弁護人　このときに自首調書を作ってもらいましたね。
証　人　はい。
弁護人　この自首調書には、平成16年12月2日1階のガレージの所で初めて本物の拳銃を見たんだと書いてありますね。
証　人　いえ、そうじゃないんですよ。拳銃は前に何回も見てますよ、磨いてるところ。ちゃんと言い直して書き直してもらっているはずですよ。
❶弁護人　確かに翌日の12月6日の取調べでは、今度は平成14年12月に組でのもめごとがあった後、その日の夜中に拳銃を磨いているのを見た。これが最初であると言われたんですね。

❷証　人　それもちょっと違います、そのときにはもう頭混乱してたから、さっき言ったように、いつ何月何日とかいうんじゃなくって、平成13、14年ぐらいと思います。
　弁護人　頭が混乱したから、間違ったということですか。
❸証　人　私はね、12月3日に家出して、主人にあっちこっちに電話されて探されて、大変な精神状態だったんですよ。その何年も前のことね、正確になんか覚えてませんよ。ただとにかくいつまでも逃げなあかんから、主人早く捕まえてほしい、怖い、そういう精神状態の中で、警察にも正確に、説明できませんよ。
　弁護人　じゃあ実際には、一番初めに見たのは平成13、14年ぐらいということですか。
❹証　人　多分そうです。
　弁護人　あなたは被告人との民事裁判の報告書では「私が、夫の拳銃を見たのは、平成12年に組事務所を開いた頃」とおっしゃってますね。
　証　人　（報告書の原案を作成した弁護士の）先生は、民事のことをお願いしただけですし、拳銃のことは関係ないとおっしゃってたし、私もそんなに詳しくは説明していないから、多分先生勘違いしてると思うんです。
　弁護人　先生が勘違いされたとおっしゃるんですか。
　証　人　先生がどう思われたのかは私にはわかりませんけど、先生は10分の1もわかっておられないと思いますよ。

　この尋問はどうであろうか。実は、この尋問は一応ダイヤモンドルールに則ろうとしている。獲得目標は、供述の変遷を明らかにすることに向けられている。尋問方法も、クローズドな誘導尋問ばかりで組み立てられている。しかし、その焦点はぼやけてしまっているといわざるをえないであろう。どうしてこうなったのであろうか。この点は、実際に行われた反対尋問を見るなかで検討を加えていこう。

実際に行われた反対尋問——成功例

　この尋問は、大阪弁護士会で反対尋問の名手といわれるG弁護士によって

行われた。

弁護人　あなたは本件の拳銃をいつ一番初めに見たんですか。
証　人　だから、それはいつ何月何日とかいうんじゃなくって、平成13、14年ぐらいと思いますけど。
弁護人　あなたは平成16年12月5日に拳銃を持って自首しましたね。
証　人　はい。
弁護人　このときに自首調書を作ってもらいましたね。
証　人　はい。
弁護人　この自首調書には、平成16年12月2日1階のガレージの所で初めて本物の拳銃を見たんだと書いてありますね。
証　人　いえ、そうじゃないんですよ。拳銃は前に何回も見てますよ、磨いてるところ……。
❺弁護人　これはあなたは嘘を言っておったわけですね。
証　人　いえ、そうではありません。本当は知ってますと。知ってて今まで黙ってたら罪になるんじゃないかなって思ったから。
弁護人　事実と違うことを言っていた。これは間違いないですね。
証　人　……だと思います。
弁護人　その翌日の12月6日の取調べでは、今度は平成14年12月に組のもめごとがあった後、その日の夜中に拳銃を磨いているのを見た。これが最初であると言われたんですね。
❻証　人　それもちょっと違います、そのときにはもう頭混乱してたから……。
弁護人　一番初めに見たのは、平成14年12月でもないんですね。
❼証　人　あのね、そのときはね、頭混乱してるんですよ。
弁護人　それで適当に言うとったわけですね。
証　人　と思いますよ多分。そのときのあの精神状態では、多分そうやったと思いますけど。
弁護人　精神状態がおかしくて、事実と違うことを言ったということですね。
証　人　多分そうだと思いますけど……。
弁護人　あなたは、年が改まって1月21日に検察官の所へ行って検察官調

【第10章】証人の言い逃れを許すな！──弁解を封ずる高等テクニック　125

	書をとってもらっておられますね。このときはもうだいぶ落ち着いておられたでしょう。
証　　人	……。
弁護人	このときにあなた検事さんにどんな説明をしていましたか。
証　　人	わかりません。忘れました。
弁護人	このときのあなたの調書には「平成14年の年末のことだと思いますが、組の中で主人が関係して何かトラブルが起こったようでした。その頃、主人が自宅2階リビングで拳銃2丁を磨いているのをこの目で見たのです。……私は、初めて拳銃を見てぎょっとしました」とこう書いてありますよ。
証　　人	やっぱしギョッとしますわ。そんな拳銃なんか見たら。
弁護人	ギョッとしたけど、このときが初めてだというのは、事実と違うんですね。
❽証　人	私はね、12月3日に家出して、主人にあっちこっちに電話されて探されて、大変な精神状態だったんですよ。その何年も前のことね、正確になんか覚えてませんよ。ただとにかくいつまでも逃げなあかんから、主人早く捕まえてほしい、怖い、そういう精神状態の中で、正確に説明できませんよ。
弁護人	翌年1月21日ならだいぶ落ち着いておられたでしょうね。
証　　人	……落ち着いてませんよ。

　おわかりであろうか。仮想尋問と始まりは同じである。明らかに異なるのは、仮想尋問の❶以下と実際の尋問の❺以下である。仮想尋問では、弁護人は、Ａ子の弁解を受ける形で次の尋問をしてしまっている。しかし、実際の尋問でＧ弁護人は、Ａ子の弁解を相手にせず、「嘘を言っておったわけですね」と切り込んでいる。この尋問にも、Ａ子は弁解を重ねようとしているが、Ｇ弁護人はそれも相手にせず、「事実と違うことを言っていた。これは間違いないですね」と畳みかけている。これにはＡ子も「……だと思います」と答えざるをえなかった。
　「頭が混乱したから」という弁解への対応も異なっている。仮想反対尋問では、「頭が混乱したから、間違ったということですか」と、Ａ子の弁解をそのまま確認しているだけである。これに対し、実際の尋問では「それで適当に

言うとったわけですね」とＡ子の弁解を逆手にとって、その不合理さを浮き彫りにしている。さらに「事実と違うことを言ったということですね」とだめも押している。あくまで、Ａ子が嘘をついていたことを強調しようとしているのである。

　ところで、仮想尋問の❷〜❹、実際の尋問の❻〜❽の尋問からは、Ａ子が拳銃を初めて見た時期について、明確な証言を避けようとしていることがわかるであろう。しかし、この点について仮想尋問は、Ａ子の弁解のままに曖昧となってしまっている。このような言い逃れをどうすべきだったのであろうか。さらに実際に行われた尋問の続きを見よう。

　　弁護人　あなたが警察や検事さんにどう言っておられたかは別として、実際、一番初めに見たのはいつですか。
　　証　人　多分平成12、13年です。
　　弁護人　そのときが一番初めですか。
　　証　人　多分そうです。
　　弁護人　どんな感じで見たんですか。
　　証　人　多分、カバンに入ってました。
　❾弁護人　拳銃そのものは見ていないのね。
　　証　人　……はい。
　❿弁護人　カバンの中が拳銃かどうか、確認してないね。
　⓫証　人　子どもじゃないですから、わかりますよ。カバンの中にぱっと入れて、何か包んで入れていたら、開けて見なくても、形とか、重さとか大きさで拳銃やいうのわかりますよ。それに、この人飲み屋とか行って拳銃の話をしょっちゅうしてるんですよ。何十万ぐらいで手に入るんやとか……。

　ここでＧ弁護人は、ごまかそうとするＡ子の弁解にはぐらかされることなく、「実際、一番初めに見たのはいつですか」という問いを重ねている。このように詰められれば、何らかの答えを言わざるをえない。Ａ子は「多分平成12、13年です」と曖昧な答えを言う羽目になったのである。この答えは、それまでのＡ子供述と矛盾せざるをえない。

　しかも、このＡ子証言は、実はカバンを見たというだけである。拳銃を見

【第10章】証人の言い逃れを許すな！──弁解を封ずる高等テクニック　127

たというA子供述と整合しない。さっそくG弁護人は、「拳銃そのものは見ていない」という事実を固めにいっている（❾、❿）。これに対し、A子は、「拳銃そのものを見ていない」と認めさせられることが、自らの証言の信用性が揺らぐことになると考えたのであろう。問われもしないのに、「拳銃を見ていないが、拳銃であることはわかった」と強調するような証言を始めたのである（⓫）。

　またしても言い逃れである。弁護人は、このような言い逃れにどのように対応すべきであろうか。実際には、このような言わずもがなの証言は、G弁護人の格好の餌食となってしまったのである。続きを見よう。

　　弁護人　あなたは非常にシャープな頭脳をお持ちだから、ごまかさないでね。
　　証　人　ごまかしてません。
　　弁護人　カバンを見て中身を推測することと、実際に中身を見たというのは別ですね。
　　証　人　それはもう素人だから、そういうふうに思ったから、言うだけなんですよ、そんな私は裁判に慣れてませんよ。こう言ったからああ言われるとか……。

「シャープな頭脳」などとA子をおだてながら、「ごまかさないでね」とA子の気持ちに図星を指して、逃げ道をふさいでしまっている。そのうえで「ごまか」そうとした内容、つまりカバンを見ることと、拳銃を見ることの違いを端的に指摘し、弁解の不合理さを浮き彫りにしたのである。めげないA子はさらに「素人で裁判に慣れていない」などとあくまで言い逃れをしようとした。しかし、G弁護人はそれも許さなかった。次の尋問である。

　　弁護人　裁判に慣れてなくても事実は言えるんですよ。
　　証　人　……だから、そういう意味で開けて見てなかったら見てないんです。でも拳銃やいうのは私わかります。

　とどめを刺す尋問といえるであろう。この尋問に屈する形でA子は「見てない」ことを明確に認めさせられている。さらに弁護人は、さりげなく以下

のような質問を続けている。

　　弁護人　カバンを開けて見なくて1丁か2丁かわかりましたか。
❷証　人　……そこまではわかりません。
　　弁護人　蓮根式かどうか、オートマチックかはわかりましたか。
❸証　人　蓮根がどうとか、そういうことは知りません。

　この尋問と証言は後々重要な意味を持ってくるが、今は先を続けよう。

　　弁護人　話を戻しましょうね。一番最初に拳銃の現物を見たのはいつです
　　　　　　かという質問ですよ。
　　証　人　……それは、平成14年12月です。
　　弁護人　先ほどと話が変わりましたね。
　　証　人　……。

　ごまかそうとするA子証言に流されることなく、G弁護人は再び「初めて拳銃を見たのはいつか」という当初の問いを繰り返しているのである。この問いについて、A子証言は右往左往してきたわけであるが、再びA子証言が変遷したと見るや、G弁護人は「先ほどと話が変わりましたね」とすぐさまその指摘をしている。当然聞く者には、否応なくA子供述の変遷が印象づけられることになる。そして、いよいよ反対尋問は佳境を迎える。さらに続きを見よう。

　　弁護人　平成14年12月に、このときに現物を見たのが初めてだというこ
　　　　　　とでいいんですね。
　　証　人　はい。
　　弁護人　あなたは弁護士さんに頼んで、被告人相手の民事裁判で報告書
　　　　　　作っておられますね。
　　証　人　何の報告書ですか。
　　弁護人　民事裁判の書証で、あなたの地方裁判所宛ての平成17年7月15
　　　　　　日付け報告書があるんですが、覚えてるでしょう。
　　証　人　〇〇先生が書いたやつですか。

【第10章】証人の言い逃れを許すな！──弁解を封ずる高等テクニック

弁護人	うん。覚えてるでしょう。
証　人	……その内容は聞いてませんけど。
弁護人	あなたが事情を説明して、報告書書いてもらったのでしょう。
証　人	はい、いろんなことは、聞かれたことに対してはお話ししましたけど、見てないのでわかりません。
弁護人	署名されたんでしょう。
証　人	はい。しました。
弁護人	先生には正確に話しましたか。
証　人	先生は多分10分の1もわかってないと思います。拳銃のことは関係ないとおっしゃってたから。
弁護人	拳銃を見たかどうかちゃんと説明したでしょう。
証　人	それは言ってますけど、刑事事件はそんなに関係ないから重要でないからということでそんなに詳しくは……。
弁護人	あなたは○○先生に「私が夫の拳銃を見たのは平成12年に組事務所を開いた頃で、蓮根式の拳銃2丁を持ってました」と説明しましたね。
証　人	あ、それはない。それはありません。
弁護人	そう書いてありますよ。
証　人	……だからそれはあのー……日にちがずれ……蓮根式かどうか知らないけど、それはあの多分、先生勘違いしてると思うんです。
弁護人	先生は、あなたが説明しないと、こんなこと書かないですね。
証　人	……○○先生は刑事事件のことは、そんなに詳しく聞いてませんよ。だいたいのことは書きはったけど……。

　おわかりであろう。G弁護人は、A子の法廷証言と、A子が民事裁判で提出した報告書との矛盾を突いたのである。しかも、法廷証言でA子は、G弁護人によって、平成14年12月以前は、カバンを見ただけで拳銃そのものを見たことはないと認めさせられていた。さらに、丁数や蓮根式かどうかもわからなかったということを念押しされていた（⓬、⓭）。その証言と、「平成12年に蓮根式の拳銃2丁を見た」旨の報告書との矛盾が際立つことになったのである。見事というほかない。

無罪判決

　いずれにしても、この反対尋問からは、Ａ子が拳銃を初めに見た状況について、言を左右にしていることが浮き彫りになったといえるであろう。この点、判決も以下のように述べてＡ子証言の信用性を否定し、被告人に無罪を言い渡したのである。

　　Ａ子供述には多々変遷がみられ、そのなかでも、Ａ子が初めて拳銃そのものを目にした状況については、とくに変遷が著しい。被告人が拳銃を所持しているのに気づいた場面があったとすれば、その最初の場面は鮮明に記憶に残るはずであるところ、Ａ子のこの場面に関する供述が一定していない……。すなわち、Ａ子は、警察署に出頭した平成16年12月５日、自首調書を作成されているが、同調書において、Ａ子は、「私が初めて拳銃を見たのは、家出をする直前の平成16年12月２日午後５時頃でした。見た場所は、自宅の１階ガレージ内です。……私は、胸がドキドキして、どうしようかと思いました」と、本物の拳銃を初めて目にしたときの状況を心の動きをも交えつつ具体的に供述している。しかるに、Ａ子の公判供述によれば、Ａ子が本物の拳銃を見たのはこのときが初めてでなく、そればかりか、自宅内で拳銃が入っていると思われるカバンを再三目撃していたというのである。そうすると、自首調書の供述は、初めて拳銃を目にした女性の心情と行動として実に巧妙な虚偽供述といわざるをえず、しかも、この時点では警察官による誘導があったとは考えられないから、弁護人の指摘するように、Ａ子が積極的に虚偽の供述をしたのではないかと言われても仕方のない面もある。また、Ａ子は、弁護人から、自首調書を訂正してなされた12月６日付け員面調書の供述内容もまた公判供述と食い違うのではないかと指摘されるや、「頭混乱してるし、……」と供述し、弁護人から、そういう考えから適当に話したのかと質問され、「と思いますよ多分」と答えている。さらに、Ａ子は、公判廷において、弁護人から、報告書の内容について指摘を受けると、「（本件報告書は）見ていないのでわかりません」「先生は多分10分の１もわかっていないと思います。拳銃のことは関係ないとおっしゃってたから」「日付はちょっと違ってると思うんです」などと供述するが、Ａ子の供述によっても、本件報告書を読み聞かせてもらった事実

は窺われるし、民事訴訟に提出すべき書類を委任した弁護士が適当に創作したというのも不自然であるから、本件報告書の内容は、やはりA子の供述に基づいたものと認められる。日付の点についても、本件報告書では、被告人の拳銃を見た時期として「平成12年に組事務所を開いた頃」と特定されており、弁護士の単なる勘違いとは考えがたい。また、A子は、公判廷において、平成12年頃に見たというのは、拳銃の実物を見たという趣旨ではない旨供述するが、本件報告書中には「連根式」と拳銃の種類まで特定されており、供述と合致しない。……以上のとおり、本件拳銃そのものをA子が初めて見た状況等について、A子の供述は変転を繰り返している。若干の変遷であれば、思い違い等で説明がつくことも考えられるが、このように再々合理的な理由なく変遷する場合には、単なる思い違い等では説明がつきがたく、その供述の信用性に疑義が生じることは避けられない。……A子の供述を信用して本件拳銃を被告人が所持していたものと認定することはできない。

反対尋問が効を奏した結果が、そのまま裁判所の認定判断となっていることがわかるであろう。では、この名人芸のような反対尋問から、いったいどのようなルールを導き出すことができるであろうか。

言い逃れを追うな！

まず、提示したいのは、

- 言い逃れを追うな。

というルールである。

このルールの重要性を痛感するのは、政治家をゲストとして迎えるテレビの討論番組である。政治家、とくに与党側の政治家は、言質を取られないようにさまざまな言い逃れを繰り返す。政治家は、言質を取られないことを自らの役割だと心得ているから、そのことの是非はともかく、そのような姿勢をとること自体は理解できないわけではない。問題は、司会者である。政治家の弁解がましい発言のひと言ひと言に反応し、それに突っ込んで、悦に

入っているのである。そのため、議論の焦点はいつのまにやらぼけてしまっている。そのような司会者に限って、自分を政治家に鋭く切り込む名司会だと思い込んでいるようなので、困った話である。

政治家の討論番組は横に置いて、この尋問例からこのルールを確認してみよう。A子証人は、「拳銃を初めて見た時期」についての供述の変遷を突こうとする反対尋問に対し、「書き直してもらった」「頭が混乱していた」「大変な精神状態」「（報告書の原案を作成した弁護士の）先生が勘違い」などといった弁解を繰り返しながら、「正確に説明できなかった」「詳しくは説明していない」などと、供述の変遷を正当化しようとしていた。

悪い例では、このようなA子の言い逃れに対し、「確かに……と言われたのですね」「頭が混乱したから間違ったということですか」「じゃあ実際には、一番初めに見たのは平成13、14年ぐらいということですか」「先生が勘違いされたとおっしゃるんですか」などと、そのひとつひとつに反応してしまっている。その結果、尋問そのものがA子の証言に振り回され、焦点がぼけてしまっているのである。

これに対し、G弁護人は、A子の言い逃れをいちいち相手にしていない。A子がさまざまに弁解しようとも、「うそをいっておったわけですね」「事実と違うことを言ってた。これは間違いないですね」「（頭が混乱したから）適当に言うとったわけですね」「事実と違うことを言ったということですね」と繰り返している。その結果、A子がいかに弁解しようともA子は「故意にうそをついていた」ということが浮き彫りになっているのである。

将棋の格言に「王手は追う手」というものがある。王手が掛けられる場面になると、初心者はついつい王手を掛けてしまう。しかし、王手を掛けると敵の王将は当然逃げようとする。逃げた王将を追っかけてさらに王手を掛けていくと、いつの間にか王将は広い局面に逃げ出してしまって捕まらなくなってしまうことが多いのである。「王手は追う手」とは、そのようなひたすら追いかけるような手を戒めた格言である。反対尋問でも、同じことが言えるであろう。

しかし、そうは言っても、王手ができる場面では王手をしたくなるのと同じように、目の前で言い逃れをされると、ついつい追いかけたくなるのは人間の性である。それでは、言い逃れを追いかけないようにするにはどうすればよいのか。

そのためには言い逃れができない獲得目標を設定し、そしてその獲得目標を常に明確に意識しつつ、そこから外れないように尋問をすることであろう。そうすれば、証人がいかに弁解しようとも、尋問がぶれることもなければ、焦点がぼやけることもない。G弁護人は、「A子が故意に嘘をついていた」という獲得目標を設定し、常にその獲得目標にねらいを絞った尋問を繰り返している。この「故意に嘘をついていた」という事実そのものは、実はA子にとって言い逃れのしようがない。ここにG弁護人のテクニックの秘密のひとつが隠されていたのである。

新たなルールとして、以下の２つが浮かび上がってきた。

・言い逃れができない獲得目標を探せ。
・獲得目標から外れるな。

言い逃れのパターンを知れ

もっとも、これはあくまで基本であって、言い逃れ・弁解ばかりする相手に、それを無視しているだけでは名人芸とは言えない。

名人と言われるためには、証人のその場しのぎの言い逃れに対し、臨機応変に対応することが必要であろう。それでは、臨機応変な対応にルールなどあるのだろうか。臨機応変というのは、文字通り機に臨んでの対応なのだから、事前にルール化など不可能な気もしてくる。しかし、結論から言えば、ルールはある。なぜなら、言い逃れには決まったパターンがあるからである。このパターンを知っておけば、事前にそれを先回りして対策を講じておくことが可能となる。

それでは、弁解のパターンとはどのようなものだろうか。これが典型的に現れるのが先ほども挙げた政治家の発言である。とくにテレビ番組で与党政治家は突っ込まれた質問をされそうになると、どうしているかを見てみればよい。彼らの発言の多くは、「その点は、よくよく考えてみる必要がありますね」「いろいろな考え方がありますからね」「いや、それはね……」といったものである。彼らが駆使しているテクニックは、難しいものではない。「質問の焦点をずらしてはぐらかす（あるいは自分の言いたいことだけを言う）」、それだけなのである。もっと単純化して言えば、「質問には直接答えない」こと

に尽きる。

　実は、A子証人もこのようなはぐらかしのテクニックを盛んに繰り返していたのである。それでは、このようなはぐらかしに対しては、どのように対応したら良いであろうか。はぐらかしのテクニックを知っていたら、それほど難しくはない。弁解を相手にせず、「そんなことは聞いていませんよ。いいですね。もう一度質問を確認しますよ。……」と言いながら、まったく同じ質問を重ねればよいのである。A子証人に対して、G弁護人も「あなたは非常にシャープな頭脳をお持ちだから、ごまかさないでね」と聞いていたが、理屈はまったく同じである。言い逃れをしようとする証人には、同じ質問を繰り返す。単純だが、重要なテクニックである。これもルールとして加えておこう。

- 言い逃れ（はぐらかし）のパターンを知れ。
- 言い逃れには同じ質問を繰り返せ。

図星を指せ

　実は、G弁護士は、この弁解封じの応用と言うべきさらに高度なテクニックを使っている。それを明らかにするために、G弁護士が行った別の反対尋問例を紹介しよう。

　B証人は暴力団関係者であり、被告人の共犯者とされる人物である。そのB証人が、公判の検察側主尋問で、検察官調書には記載されていない新たな事実を付け加えて証言し始めた。G弁護人は反対尋問で当然その供述の変遷を突いた。B証人は、その新供述を、公判直前の検察官の証人テストで、初めて検察官にも伝えたと証言する。以下は、その変遷をG弁護人がB証人に質し始めた場面である[*1]。

弁護人　先ほどあなたが突如違うことを言われ始めたから、そのことについて聞きますよ。まず……。

証　人　ちょっと待ってください。違うわけではないんです。話は一貫して同じことなんですけど、ただ、私ちょっと言いにくい部分があったのを隠して話しておっただけで。

弁護人　だから、違うことは違うわけでしょう。
証　人　違うけど、話の中では一貫して、流れの中の1カ所が抜けてるだけで、違うという表現はちょっと具合悪いですけどね。
弁護人　あなたは、隠したとかうそを言ったとかいう意識はないわけですか。
証　人　まあ、隠したいうことですね。
弁護人　検事に、取調べの段階で、隠した、うそを言ったという意識はないんですか。
証　人　あります。
弁護人　初めは一部抜いとったというわけやね。
証　人　まあ、私のことで、もしかしたら、その刑事事件になるようなことは やってないんですけど、私も前科も多いし、組関係でもあるし、具合悪いことがたくさんあったんで、捜査段階でそれを出すと、要らん腹探られるのも嫌やったんで、ただ黙っとっただけです。
弁護人　Bさん、あなたは利口な人やからね、同じ弁解しても時間かかるだけですよ。
証　人　いやいや、賢くないですよ。
弁護人　わかりますか、端的に答えてちょうだいね。
証　人　うん……。

　いかがであろうか。A子証人に対する反対尋問とよく似ていることがおわかりいただけるだろう。いろいろ弁解しようとするB証人に対し、「わざと隠していた」という事実を獲得目標に追及をしている。長々とした弁解には、「Bさん、あなたは利口な人やからね」と釘を刺している。G弁護人の追及は続く。

弁護人　あなたは証人テストで、それまで隠していたことを言い始めたわけですよね。証人テストのとき検事はどう言ったんですか。
証　人　だから、まあ、その話に行くまでに……。
弁護人　私が聞いてるのは、あなたがそういうことを言ったら、検事はどう言ったんですか。

証　人　まあ、びっくりしてましたね。
弁護人　びっくりして、あなたが今まで黙っておったことについてはどうするという話になったの。
証　人　どうするって、別に何も聞いてないですけど。
弁護人　あなたが黙っておったことについては、それ以上のやり取りはなかったわけですか。
証　人　まあ、もっと早う、なんで言わんのやと。
弁護人　その程度ですか。
証　人　いや、だいぶ文句言われましたね。

　実は、B証人が公判で新事実の供述を始めたのは、弁護人の反対尋問から逃れるためのその場しのぎであることが明白であった。B証人はその不自然さを糊塗するため、公判でいきなり言い出した訳ではなく、検察官の証人テストの時点でも、新事実を供述していたとの弁解を始めたのである。しかし、仮にそうであれば、検察官が何らかの反応をしないはずがない。G弁護人はそこを突いたのである。G弁護人の追及に対し、B証人はいろいろ言い逃れをしようとしているが、その証言にはなんらの具体性もないことは明らかであろう。このような具体性のない証言に対しては、具体例を持ち出すとその不自然さはより明白になる。G弁護人の場合は、調書を持ち出した。次の尋問である。

弁護人　文句言われて、なぜ早く言わなかったかと聞かれて、調書を作りましたか。
証　人　聞かれて、調書……調書はちょっとわからんですね。

　調書を取ったかどうか「わからない」はずがない。思わずB証人は墓穴を掘ったのである。続きを見よう。

弁護人　わからんことないでしょう。
証　人　取ってないと思いますけどね。
弁護人　わからんことないでしょう。
証　人　わからんことないでしょうって、そんなん、わし……。

【第10章】証人の言い逃れを許すな！――弁解を封ずる高等テクニック

弁護人　突然新たな話が出てきて、文句言われたりもした重大なことでしょう。
証　人　だから、調書を取られたいうのはないですかと言うから、あれは、拘置所の中から行くときには調べという形で行きますけど、現実的には公判で話することを、何か思い出したことないかというふうに言われてるだけで……。

　ここでもG弁護人は、B証人の弁解を追っていない。あくまで「調書を取ったかどうかわからないはずはない」ことから、その証言の不自然さを浮き彫りにしている。それに対し、B証人は、またしても長々と言い逃れを始めている。しかし、G弁護人は、そのような弁解を許さず、とどめを刺している。

弁護人　ものすごく単純なことを聞いておるんだけどね。そんなに長々と説明されることやないこともわかっておられるでしょう。
証　人　いやいや、わかりませんよ……。
弁護人　あなた、いろいろ言って、その間に考えているの。
証　人　いやいや……。

　この場面、法廷では傍聴席から失笑が漏れた。B証人の立ち往生が明白だったからである。ここで使われているテクニックをおわかりであろうか。G弁護人は、B証人の図星を指したのである。B証人は、G弁護人の追及をかわそうと、簡単に答えられる質問にも長々と話しながら、必死になって弁解を考えていた。B証人にしてみれば、その弁解を完全に逆手に取られた状態である。A子証人が、「裁判に慣れてませんよ」と言い逃れようとしたのに対し、それを逆手にとって「裁判に慣れてなくても事実は言えるんですよ」と指摘したのと同じである。ポイントは、はぐらかそうとする証人に対し、まさにはぐらかそうとしていることの図星を指して、それ以上の弁解を封じていることである。この後、B証人はG弁護人に完全に白旗を揚げた。さらに続きを見よう。

弁護人　端的に答えてちょうだいよ。もう一遍聞きますよ。証人テストのときに今までどうして本当のことを言わなかったかということに

　　　　　ついての調書を取りましたか、取りませんか。
証　　人　取られてないと思います。
弁護人　やっぱり、わかってるんでしょう。
証　　人　……すいませんでした。

　弁解上手なB証人は、はぐらかそうとしていたことを完全に自認させられ、なんと法廷で謝ってしまったのである。図星を指すことの効果の大きさを、これほど端的に物語る例も少ないであろう（なお、この事件でB証人の証言の信用性は否定され、被告人は一部無罪となっている）。
　ここまで来ると名人芸のような気もしてくるが、名人芸も定式化してしまえば、決して難しいものではない。以下のようにパターン化できるであろう。

　　あなたは、優秀な方ですから、私の質問をよく理解していますね。
　　私の質問は○○でしたね。
　　あなたの答えは××ですね。
　　××という答えでは、○○の質問に対して、端的に答えていませんね。
　　あなたはそのことを当然理解していましたね。
　　あなたは、そのことを理解しながら、××と答えましたね。

　この質問パターンはさまざまな反対尋問で応用できるはずである。
　とにかく弁解を封じるためには、弁解のパターンを知り、そこに図星を指す、これに優るものはない。
　今回提示したルールを再度確認しておこう。

　　・言い逃れを追うな。
　　・言い逃れができない獲得目標を探せ。
　　・獲得目標から外れるな。
　　・言い逃れには同じ質問を繰り返せ。
　　・言い逃れ（はぐらかし）のパターンを知れ。
　　・図星を指せ。

　　*1　尋問の再現は、編集の都合や事件の抽象化のため、適宜修正を加えている。

【第11章】検察官調書を粉砕せよ(1)
――刑訴法321条1項2号後段書面の供述者に対する反対尋問

問題の所在――検察官調書の危険性

　検察官証人の検察官調書には、ほぼ例外なく被告人に不利な内容が記載されている。多くの場合、弁護人の反対尋問の目的は、そのような被告人に不利な供述の弾劾である。

　ところが、実際の公判廷では、まったく異なる展開が生じうる。検察官証人が、被告人に有利な証言を始めた場合である。もちろん、弁護人としては、検察官証人が、法廷で被告人に有利な証言を始めたからといって、安心しているわけにはいかない。検察官が、検察官調書を刑訴法321条1項2号後段書面として、請求してくることは明白だからである。従来の実務では、相反性・特信情況は簡単に認められてきた。たとえば、検察官が、

「検察官に取調べを受けたときに○○と述べたのではありませんか」
「取調べの際、検察官から供述を強要されたことはありますか」
「取調べの後、検察官から調書の内容を読み聞かせられましたね」
「読み聞かせられた後、誤りがないということで、署名押印しましたね」
「(調書末尾の署名押印部分を示して) これはあなたが署名押印したものに間違いありませんね」

などと質問し、証人が、「確かに取調べでは、そのような言い方もしたかもしれません」「取調べで強要されたわけではありません」「自分の署名押印に間違いありません」などと証言すれば、特信情況が肯定されてしまうことが多かったといえよう[*1]。しかも、検察官調書は、犯罪の主要部分について、一見

理路整然と迫真性をもって作文されていることもあって、その記載内容のまま有罪認定がなされることも多かった。

　弁護人としては、このような刑訴法321条1項2号後段書面の実務運用を前提に、まず、その採用そのものを阻止しなければならないし、仮に採用されるにしても、その信用性を否定するための弁護活動が求められるのである。その弁護活動として、重要な要素を占めるのが、言うまでもなく、その供述者に対する反対尋問と、取調検察官に対する反対尋問である。

　本章では、第3章で取り上げた事件を例に[*2]、供述者自身に対する反対尋問を取り上げてみよう。

事件の概要

　暴力団関係者の被告人Kは、無免許であるにもかかわらず、知人T（暴力団とは無縁）が借りたレンタカーをTから転貸を受けて運転していた。その運転途中、Kは、パトカーで巡ら中の制服警察官から職務質問を受けた。無免許運転の発覚をおそれたKは、パトカーに当て逃げをしてそのまま逃走した。逃走後Kは、Tに対し、警察には、レンタカーはKの弟分であるNという人物に貸していたという虚偽供述をするように依頼した。警察に呼び出されたTは、Kの依頼に応じて、レンタカーはNに貸していたという嘘を言っていたが、追及に耐えきれず、実際には、Kに貸していたこと、Kの依頼に応じて嘘をついていたことを自白した。そして、警察は、このT供述に基づき、Tが依頼を受けた際、Kから脅迫されていたとして、Kを証人威迫・強要罪で逮捕した。

　Kの送検を受けた検察官は、参考人としてTの取調べを実施し、KがTに嘘の供述をするように依頼した状況について、概ね以下のような内容の検察官調書を作成した。

　　Kは、ときどき私の方を見ながら、「わしは、以前に裏切ったNを極道として殺してやろうと思ったこともある。わしは裏切るやつは徹底的にいく」などと言いながら、「頼むでT君、俺の名前をださんといてくれ。Nに貸したで通せよ」と念を押してきたのです。私は、その言葉を聞いて、暗に「約束を破ったら、殺すぞ」と私を脅していると感じました。

そのうえで、検察官は、「KがTを『極道として、裏切るやつは徹底的にいく』などと脅迫した上で、警察に嘘の供述をするように強要した」として、証人威迫・強要罪で起訴した。これに対し、Kは、公判廷において、Tに虚偽供述をすることを依頼したことは認めたものの、Tに対し、「極道として裏切るやつは徹底的にいく」などと言ったことはない、として証人威迫・強要の事実を否認した。
　そして、公判で証人として呼ばれたTも、検察官の主尋問に対し、「Kの代わりにNの名前を出すように」と依頼されたことは認めたものの、「極道」云々の話や、「裏切るやつは徹底的にいく」などという話は出なかった、自分としては脅されたという認識はない、と証言した。
　これに対し、公判検察官は、以下のような尋問でTの主尋問を終えた。

検察官　検察庁で調べを受けたとき、最後に調書を自分で読ませてもらいましたね。
証　人　はい。
検察官　そのとおり間違いないということで署名したんですね。
証　人　大筋では間違いなかったんですが、何カ所かは、ちょっと違うという話はしました。
検察官　たとえば、何カ所というのは、一番大きなポイントはどこだったの。
証　人　……。
検察官　嘘の話を依頼された場面ではどうですか。
証　人　違うということは、あまりなかったと思いますけど……。
検察官　大筋では大きな間違いはなかった、ということでしたね。
証　人　はい。
検察官　末尾の署名押印部分を示します。これはあなたが書いて印を押したもので間違いないですね。
証　人　はい、間違いありません。
検察官　誤りがない、ということで署名押印したのですね。
証　人　はい。

おきまりのパターンと言えるであろう。このような主尋問に対し、弁護人はどのような反対尋問をすべきであろうか。

仮想反対尋問――失敗例

まず悪い尋問を見てみよう。たとえば以下のような尋問である。

弁護人 あなたに今日公判廷でご証言いただいた事実と、検察官が作成した供述調書の内容に食い違いがあるのですが、それはなぜだかわかりますか。
証　人 ……よくわかりません。
弁護人 何カ所か違うところがある、ということを検察官に言った、というお話でしたね。
証　人 はい。
弁護人 でも、結局訂正はしていないですね。
証　人 ……まあ、訂正してくれとまでは言いませんでしたから。
弁護人 どうしてですか。
証　人 だいたい合っていたらいいか、という感じでしたので。
弁護人 嘘の話を依頼された場面では、あまり違うことはなかった、というお話でしたね。
証　人 はい。
弁護人 言い切れるのですか。
証　人 ……自分としては、なかったと思うんですがね。
弁護人 ともかく、あなたとしては、今日公判で述べたことが記憶のとおり正しく述べておられるということですね。
証　人 ……まあ、時間もたっていますし、記憶も曖昧になっているところはありますが。
弁護人 今日あえて嘘の証言をしたということはないですよね。
証　人 それはありません。
弁護人 Kさんが法廷にいるから、かばって嘘をいうということがあるのですか。
証　人 それはないです。

どうであろうか。確かに、一応公判証言で嘘をついているわけではない、ということは押さえている。しかし、非常に漠然とした尋問となってしまっている。これでは検察官調書の供述と公判証言のどちらが信用できるのか、曖昧と言わざるを得ないであろう。少なくとも従前の実務運用を前提とするとき、特信情況を否定できたとは言えないであろう。このような反対尋問では、公判証言が信用できる根拠に具体性がないため、説得力を欠いてしまっているのである。

ただ、検察官証人が、被告人に有利な証言をした場合、往々にしてこのような反対尋問をしてしまうのではないであろうか。実際、反対尋問といっても、被告人に有利な証言をしている証人を弾劾する訳にもいかない。しかも、検察側証人の取調べ状況は、被告人の取調べ状況以上に、事前に把握が困難だという問題もある[*3]。そのため、ついこのような抽象論に終始してしまいがちなのである。

それでは、いったいどうすればよいのか。実際に行われた反対尋問をみて検証してみよう。

実際に行われた反対尋問①──特信情況の弾劾

弁護人　あなたは検察官の取調べを受けましたね。
証　人　はい。
弁護人　検察庁には何回行きましたか。
証　人　２回行きました。
弁護人　取調べ時間は、どれくらいでしたか。
証　人　どちらも１時間半から２時間くらいでした。
弁護人　取調べは、事件のはじめから終わりまでひととおりの事情を聞いてくれましたか。
証　人　いいえ、ところどころ要点だけを確認するような聞き方でした。
弁護人　あなたの検察官調書は、あなたの目の前で作成されたものですか。
証　人　はい。検事さんが、目の前でワープロを打っておられました。
弁護人　調書を読ませてもらったのは、いつですか。

証　人　２回目の取調べが終わる40分くらい前だと思います。
弁護人　そのときの調書の量を覚えていますか。
証　人　かなりの量だったことは覚えています。
弁護人　あなたの検察官調書は本文だけで99頁もあるのですが、記憶にありますか。
証　人　そうですね。量が多かったのは、覚えています。
弁護人　要点だけを確認されたという話でしたね。
証　人　はい。
弁護人　それにしては量が多いな、とは思いませんでしたか。
証　人　それは思いました。
弁護人　あなたが言っていないようなことも書かれていたのではないですか。
証　人　そういうところもありました。警察の調書からのあれもありましたので。
弁護人　警察の調書のあれとは。
証　人　検事さんは、警察の調書を参考にされたのかな、と。
弁護人　あなたには、検事さんのワープロの画面は見えましたか。
証　人　見えません。
弁護人　検事さんが、あらかじめ文章を用意しておられてもわからない。
証　人　……わかりません。
弁護人　検事さんが警察の調書を参考にされたと思われたということでしたね。
証　人　はい。
弁護人　そう思われたのは、取調べが要点だけを確認するだけであったことも理由のひとつですね。
証　人　そうですね。
弁護人　あなたが言っていないようなことも書かれていたことも理由のひとつですね。
証　人　そうですね。
弁護人　できあがった調書が詳しすぎるということも理由のひとつですね。
証　人　そうですね。

弁護人　99頁もの調書を読むのには、それなりに時間がかかりましたね。
証　人　はい。
弁護人　何カ所か違うところがある、と検察官に言った、という話でしたね。
証　人　はい。
弁護人　それは読み始めてからどれくらいのことですか。
証　人　わりにすぐに言いました。
弁護人　検事は何と言いました。
証　人　いや、大筋の内容で合っているなら、それでいいと言われました。
弁護人　それで訂正はなされたのですか。
証　人　いいえ。
弁護人　そのように言われた後、別の訂正を求めましたか。
証　人　いいえ、だいたい合っていたらいいのかな、という感じでしたから。
弁護人　あなたは、99頁の調書を40分程度で読んだことになりますね。
証　人　はい。
弁護人　注意して読みましたか。
証　人　いいえ、だいたい読み流す程度です。
弁護人　大筋はともかく、脅されたかどうか、といったニュアンスについて注意して読みましたか。
証　人　……あまり注意していたとは思いません。

　いかがであろうか。検察官調書作成の経緯が、具体的に明らかになっている。この尋問から明らかなように、検察官は、要点を確認するだけの１時間半から２時間程度の取調べを２回行うだけで、ワープロで99頁もの検察官調書を作成していたのである。Ｔ証人も述べるとおり、警察官調書を参考にでもしなければ、そのような調書を作成することなどできないであろう。また調書作成後、Ｔ証人は、その調書を閲読させられたが、読み始めてすぐの段階で、何カ所か違うところがあることに気づき、検察官にそのことを指摘した。ところが、検察官は「大筋の内容で合っているなら、それでいい」と言って訂正に応じなかったというのである。その後は、Ｔ証人も読み流す程度で、ニュアンスなどについて注意して読むこともなかったという。

これでは、この検察官調書は、警察官調書を引き写し、T証人に押しつけた作文にすぎず、およそ信用できないことは明らかであろう。実際、この検察官調書は、証拠採用はされたものの、判決は以下のように述べて、その信用性を否定した。「検察官が事件の全般的経過及び本件行為の際の状況について、Tの記憶を喚起させつつ慎重に事情を聴取して、同人の記憶に従った供述を得、かつ、同人にその内容を十分確認させた上で調書化したものであるとは評価できないとともに、当該調書の記載内容自体、Tの主観面や一般的な理屈に関する部分を中心に、過度に理詰めで、検察官の証人尋問の結果によっても、T自身が自らの言葉でそれらを具体的に供述したものでないことが明らかな部分が散見され、結局、当該調書は、外形的な事実経過については、Tの司法警察員に対する供述調書を、その要点をTに伝えて受動的に確認させる形で引き写し、Tの主観面や一般的な経験則にわたる部分については、検察官が、Tの供述という形を借りて本件に対する検察官としての理解内容を示したという域を出ない」。

特信情況を弾劾するルール

　それでは、先の悪い尋問と、実際に行われた尋問とは、どこが異なるのであろうか。明確なのは、尋問の具体性である。悪い例では、公判証言と検察官調書のいずれが信用できるかについて、抽象的な議論に終始しているのに対し、実際に行われた例では、取調べ回数、取調べ時間、検察官の取調べ方法、ワープロによる調書作成方法、T証人による調書閲読時間、閲読方法、その際の検察官とのやりとり、T証人による訂正の限界・不十分さなどを具体的に明らかにすることに成功している。これは、弁護人が、検察官調書がワープロで99頁という異常な分量になっていることに気づいたことがきっかけであった。しかも、その内容は警察官調書と瓜二つであった。実際にT証人に確かめても、取調べ時間は決して十分なものでない。検察官が警察官調書を引き写す形で作文したものに違いない、と判断した弁護人は、検察官調書が作文されていく経過を具体的にイメージし、それをT証人自身に確認していったのである。すると、弁護人の予想どおり、T証人は不自然な作文経過を明確に認めることになったのである。

　刑訴法321条1項2号後段書面の特信情況、信用性を否定するためには、

このような取調べ状況の不自然さを、具体的な事実に即して明らかにすることが重要なのである。

　ちなみに、本件の検察官調書は、警察官調書の引き写しがなされ、かつ本文が99頁に及ぶ点で、特殊な事例であるかのようにも見えるが、決してそうではない。判決が指摘する「検察官が、証人の供述という形を借りて本件に対する検察官としての理解内容を示したという域を出ない」という点は、検察官調書が密室での作文である以上、多かれ少なかれ、すべての検察官調書に見られる性格だからである。そして、検察官において、このような検察官調書の問題点を払拭する配慮が十分であることもありえない。そうである以上、弁護人としては、反対尋問において、検察官調書のこのような性格＝作文性を具体的に明らかにする事実を積み重ねることこそが重要になるのである。事案にもよるが、たとえば、以下のような各事実がこれに当たるであろう。

・取調べは、警察官調書を前提に、断片的な確認しかなされていないこと
・取調べの時間・内容に比して、調書の分量が多いこと
・調書は、検察官によって一気に作文されたものであること
・作文にあたって、警察官調書が参考にされていること
・調書の言い回しは、供述者自身の言葉ではなく、検察官が選んだものであること
・読み聞かせ・閲読も一気になされていること

　そして、刑訴法321条1項2号後段書面の特信情況・信用性を争う反対尋問の方法として、以下のようなルールを抽出することができるであろう。

・取調べ状況を具体的にイメージせよ。
・検察官調書の作文性を明らかにせよ。
・作文性を示す具体的事実を指摘せよ。

実際に行われた反対尋問②——検察官調書の内容の弾劾

　なお、反対尋問の基礎が供述の弾劾であることは、刑訴法321条1項2号

後段書面が問題となる場合でも同じである。検察官調書の証拠請求が見込まれる場合には、単に特信情況を問題にするだけではなく、その記載内容を十分に弾劾しておくべきなのである。弾劾の手法は、通常の反対尋問と同様である。客観的証拠（状況）との矛盾、あるいは自己矛盾の呈示である。

この点、本件では、以下のような尋問がなされている。

弁護人　Kさんが依頼したとき、現場にはKさん以外に、Aさんとその彼女がいましたね。
証　人　はい。
弁護人　Aさんは、背広をきていたのではないですか。
証　人　はい。
弁護人　見るからにビジネスマンでしたね。
証　人　そうですね。
弁護人　彼女は、20代の若い女性でしたね。
証　人　はい。
弁護人　Aさんは静かな話し方をしていたのではないですか。
証　人　そうですね。
弁護人　Kさんも、Aさんに対し、静かな話し方をしていたのではありませんか。
証　人　そうですね。
弁護人　Aさんの前で、暴力団の話は出ましたか。
証　人　出ていません。
弁護人　極道という話は出ましたか。
証　人　いいえ。
弁護人　NさんがKさんを裏切ったという話は覚えがありますか。
証　人　いいえ。
弁護人　殺してやろうと思った、という話は出ましたか。
証　人　いいえ、出ていません。
弁護人　この事件の当時、KさんとNさんの関係を知っていますか。
証　人　はい。
弁護人　あなたはNさんと会ったことがありますね。
証　人　はい。

弁護人　NさんとKさんはどのような関係ですか。
証　人　Nさんは、Kさんのことを兄貴分として慕っていました。Kさんも Nさんをかわいがっていました。

　依頼の場面でビジネスマンの第三者や女性がいたこと（その場で脅迫があったことと矛盾する）、KとNが親しい関係にあること（Nを殺そうと思ったなどという話が出たことと矛盾する）など、検察官調書と矛盾する客観的状況を積み重ねているのである。
　以下のルールを付け加えておこう。

　　・検察官調書の内容そのものを弾劾せよ。

*1　ただし、今崎幸彦「共同研究『裁判員制度導入と刑事裁判』の概要」判例タイムズ1188号（2005年）4頁は、現職裁判官らの研究会において、刑訴法321条1項2号書面について、「裁判員に2号書面の特信性を理解してもらうのは相当困難であ」るとの前提に、従前安易に認められがちであった321条1項2号後段書面の運用を見直す必要性を示唆している。もっとも、同論文では「裁判員制度の下において、刑訴法321条1項2号書面による立証をどうすべきかということについては、今後、具体的な事例を題材にして本格的に研究していく必要があろう」と述べるのみで、具体的な方向性が示されているとまでは言えない。また、2006年3月に最高検察庁が作成した「裁判員裁判の下における捜査・公判遂行の在り方に関する試案」（以下、「最高検試案」という）60頁も、「証人が相反供述等を始めた場合にも、安易に2号書面に頼るのではなく、記憶喚起のため誘導尋問を行ったり、的確な弾劾尋問を行うなどして、できるかぎり公判廷において真実の証言を得る努力をすべきである」としている。なお、さらに刑訴法227条（第1回公判期日前の証人尋問）の活用も議論されている。刑訴法227条による尋問については、弁護人の立会権や、立ち会った際の尋問の是非など検討すべき課題が多い。
*2　モデルとなった事例は、秋田真志「検察官による警察官調書の引写し問題──浮かび上がったワープロ調書の弊害」季刊刑事弁護29号（2002年）77頁に適宜変更を加えたものである。
*3　被告人の場合と違って、参考人から取調べ状況を直接確認することは困難である。また、取調べ状況記録書面のうち被告人以外の供述については、類型証拠の対象から明示的に除かれている（刑訴法316条の15第1項8号）。

【第12章】
検察官調書を粉砕せよ(2)
―― 取調べ検察官に対する反対尋問

問題の所在

　前章では、検察官調書が、刑訴法321条１項２号後段書面として請求されることが予想される場合に、その供述者である検察官側証人自身に対する反対尋問について検討した。

　今回は、検察官調書について、特信情況や任意性立証のために、取調官である検察官自身が証人として出廷した場合について考えてみよう。

　あらためて言うまでもなく、取調官に対する尋問はやさしいとは言えない。一部録画の試行が始まったとはいえ、取調べのほとんどは密室で行われる。さらに、取調べ検察官に対する尋問は難度が高くなると言えるだろう。例外もあろうが、検察官は原則として露骨に任意性を疑わせるような暴行・脅迫・利益誘導などは行わないであろう。

　さらに、検察官の証言は基本的には理路整然としていることが多く、それ自体としては説得力を持つのが通常であろう。このような検察官証言に対する反対尋問を通じて、特信情況や任意性を否定することは容易ではないと思えるであろう。しかし、決してそうではない。検察官によって、虚偽の内容の調書が作成されている以上、その過程には、何らかの問題があるはずである。以下、実際にあった例をモデルにしたケースで検討してみよう。

事件の概要

　被告人Ｈは、あるトラブルがきっかけで、知人Ｓとともに、被害者である友人を監禁し、暴行を加えた。暴行によって、被害者がぐったりしたのを見

た被告人HとSは、被害者が死んでしまったと思い、犯行の発覚を恐れ、近くの川に被害者を沈めた。その後、川から被害者の遺体が発見され、HとSが犯人として逮捕・起訴された。遺体の鑑定の結果、実際には、被告人らが被害者を川に沈めた時点では、被害者は暴行により仮死状態とはなっていたものの、死亡はしておらず、死因は溺死であることが判明した。捜査段階で、被告人HとSはいずれも暴行や被害者を川に沈めたことは認めたが、監禁・暴行を主導したのは相手方だとして、その供述は激しく対立した。また、捜査段階では、被害者を川に沈める時点で、殺意があったかどうかについても問題となった。被告人Hは、当初黙秘し、その後供述をするようになったが、その後も被害者を川に沈めた時点ですでに死亡していたと思っていたとして、その殺意を否認した。ところが、A検事の取調べにおいて、殺意を認める供述調書が作成された。

　公判において、被告人Hは、「黙秘や否認をすると、A検事から、自分の供述は信用されず、自分を主犯であるというSの供述に基づいて自分の量刑が決められてしまうといわれた。刑事からも検事を怒らせると最悪死刑や無期懲役になる、と言われていたので、怖くなって、A検事のいうままにウソの自白をした」として、その任意性を争った。

　そこで、任意性立証のため、被告人Hの被告人質問とA検事の証人尋問が実施された。なお、公判にはA検事自身が、捜査検事兼公判立会検事として出廷していた。

A検事に対する主尋問

　A検事に対する主尋問は以下のようなものであった。

　検察官　本件殺人事件において、最終的に被告人は殺意を認めましたか。
　証　人　はい。
　検察官　取調べの当初は、被告人は、殺意を否認していたのですか。
　証　人　はい、そうです。
　検察官　はじめは否認していたけれど、殺意を自白した、ということですか。
　証　人　はい、そうです。

検察官　どのようなことを言うと自白したのですか。
証　人　真実を話してほしい、それが被害者や遺族に応えることになるのではないか、たとえ罪が重くなっても正直に話したほうがいい、ということを言いました。
検察官　殺意を認めた理由について、被告人はどのように話しましたか。
証　人　被害者や被害者のご両親に対して、日に日に申し訳ない気持ちがいっぱいになって、殺意を認めることにしたとのことでした。
検察官　あなたは、自白を得るために、殺意を認めないと、「被告人の供述は信用されず、被告人が主犯であるなどというＳの供述に基づいて自分の量刑が決められる」などと言いましたか。
証　人　いいえ。言っていません。

このようにそつのない答えをされてしまえば、一見、崩すのは難しそうである。

仮想反対尋問──失敗例

このような証人に対しては、ついつい水かけ論に陥りやすくなる。たとえば、以下のような尋問である。

弁護人　被告人が自白に転じたのは、なぜですか。
証　人　私の説得で、正直に話したほうがよいと思ったからではないですか。
弁護人　どのような説得ですか。
証　人　だから、真実を話すことが被害者や遺族に応えることになる、といった説得です。
弁護人　それだけですか。
証　人　そうですね。
弁護人　それだけで、被告人が説得に応じたというのですか。
証　人　そうです。
弁護人　それだけでは、否認していた被告人が供述を変えないでしょう。
証　人　いえ、変えましたよ。

弁護人	それぐらいのことは、警察でも言われていたはずでしょう。
証　人	警察での取調べは私にはわかりませんが。
弁護人	否認していたのに認めたのは、被告人に否認していたらまずいと思わせたからではないですか。
証　人	そんなことはありません。
弁護人	では、なぜ被告人は自白に転じたのですか。
証　人	そのときは、反省していたのではないですか。
弁護人	本当は、否認していたら、被告人の供述は信用されない、と言ったのではないですか。
証　人	いいえ、言っていません。
弁護人	否認のままでは、Ｓの供述のほうが信用される、と言ったのではないですか。
証　人	いいえ、言っていません。

　一見鋭く証人に迫っているかのようにも見えるが、実際には証人と議論をしているだけである。これでは、証言を崩したとは言えないであろう。
　では、このような検察官証人の反対尋問のためには、どうすればよいのであろうか。

実際に行われた反対尋問──成功例

　このケースで、実際に行われた反対尋問をみてみよう。

弁護人	６月９日の検事調べの際、当初Ｈさんは殺意を否認していたのですね。
証　人	そうです。
弁護人	Ｈさんは、取調べにおいて、気にしていたことがありますね。
証　人	抽象的に言われても。いろいろ気にしていたとは思いますが。
弁護人	共犯者のＳがどんな供述をしていたかを気にしていたのではないですか。
証　人	それは、気にしていたと思いますが、あえて私からはＳの供述については触れていません。

弁護人　Ｓの供述については、触れていない。
証　人　はい。被告人自身の供述が重要ですから。
弁護人　この時点でＳの供述は、Ｈさんが主犯だというものではありませんでしたか。
証　人　それはそうでしたね。
弁護人　ＨさんとＳの調書のどちらが勝つか、負けるか、という話になっていませんか。
証　人　それはありませんね。
弁護人　まったく話題に出ていませんか。
証　人　勝つ、負けるなどという言葉は出ていません。
弁護人　少なくとも、Ｈさんの方は勝つか、負けるかを気にしていたのではないですか。
証　人　勝つか、負けるかなどという話は出ていません。
弁護人　あなたのほうから、負けることはない、と言ったことがあったのではないですか。
証　人　絶対にありません。
弁護人　絶対にないのですか。
証　人　ありません。勝つ、負けるがどういう意味かすらわかりません。
弁護人　あなたは、前回の公判で、あなた自らがＨさんに対する反対質問をしましたね。
証　人　……聞きましたね。
弁護人　前回の公判調書速記録15頁３行目のところを示します。これが前回のあなた自身による質問部分であることはわかりますね。
証　人　はい。
弁護人　ちょっと読みますよ。「この日の取調べで、あなたが、本当の気持ちや、本当にあったことを正直に話せば、あなたの話がＳに負けることはないと検事から言われたことはありませんか」。これはあなた自身の質問ですね。
証　人　……そうですね。
弁護人　「この日の取調べ」とは６月９日の取調べのことですね。
証　人　……はい。
弁護人　「あなた」とあるのは、Ｈさんのことですね。

証　　人　……そうですね。
弁護人　「検事から」とあるのは、あなた自身ですね。
証　　人　……そうですね。
弁護人　「あなたの話がＳに負けることはない」と話したのですね。
証　　人　……書いていますね。
弁護人　これは、取調べにおけるあなたの言葉ですね。
証　　人　……。
弁護人　あなたは、負けることはない、と言われたようですね。
証　　人　……。
弁護人　終わります。

　この尋問例を見て驚かれたかもしれない。実はＡ検事は、自ら反対質問をした際に、Ｓ調書に「勝つ、負ける」の話を被告人にぶつけていたのである。主尋問では、その「勝つ、負ける」の話を否定してしまった。その結果、自己矛盾を露呈してしまったのである。自ら墓穴を掘った典型と言えるであろう。
　その意味では、この例は特殊なケースと思われるかもしれない。しかし、必ずしもそれだけだとは言い切れない。弁護人は、それなりの準備をしていたからこそ、このような尋問が可能となったからである。
　それでは、取調官に対する反対尋問における弁護人の準備はどのようにすべきなのか。
　ひと言で言えば、取調べ状況をできるだけ具体的にイメージすることである。そして、その際には、被告人の供述の変遷過程を調べるとともに、その変遷理由を推測することが不可欠である。そのためには、自白に至った被告人自身の心境はもちろん、自白を迫りたくなる取調官の心理、さらにはそのような心理を生む捜査の経緯なども考慮する必要がある。
　このケースで言えば、捜査機関はあの手この手を使って被告人の殺意を認めさせようとしていた。他方、被告人はＳに主犯の責任を押しつけられることを非常に恐れていた。被告人にとっては、自分の供述がＳの供述に「勝つか負けるか」は最大の関心事だったのである。当時の捜査状況を確認してみれば、被告人が恐れるとおり、Ｓが被告人に全責任を押しつけるような供述をしていることも明らかであった。Ａ検事にしてみれば、そのような被告人の心理につけ込み、殺意を認める供述を引き出すことは簡単であろう。このよ

うな検討から、弁護人は、「A検事は、6月9日の取調べで、S供述を引き合いに出して、被告人に殺意を認める自白を迫ったに違いない」と考えたのである。そのような観点から、A検事自身による被告人に対する反対質問を再度見直したところ、A検事自身が、質問の中で「あなたの話がSに負けることはない」などと諭していることにはすぐに気づいた。そうである以上、A検事も、S供述を引き合いに「勝つ、負ける」の話を否定するはずがないと考えられる。このため弁護人は、「勝つ、負ける」をキーワードとしてとらえ、A検事の反対尋問では「勝つ、負ける」を印象づけることに狙いを絞ったのである。

ところが、実際の反対尋問では、弁護人にすら予期していなかったことが起こった。A検事は、弁護人が印象づけを狙った「勝つ、負ける」という言葉が出たことすら否定したのである。「防御ラインを上げてきた」のである。こうなれば後は簡単である。その自己矛盾を突き、上がりすぎた防御ラインを突破すれば終わりである。

裁判所の決定

ちなみに、この尋問の後、裁判所は次のように述べて、A検事が録取した被告人調書の任意性を否定した（下線は筆者による）[*1]。

　被告人は、要するに、取調べに当たった捜査官から、「黙秘ないし否認をすると、被告人の供述は信用されず、被告人が主犯であるなどというSの供述に基づいて自分の量刑が決められ、死刑や無期懲役になる。」旨繰り返し言われ……たので、自己の記憶とは異なる供述をし、あるいは捜査官の作成した供述調書に署名指印したというのである。……（これに対し、）A検事は、被告人の供述する取調べ状況につき、……被告人が公判で述べる点を概ね否定し、被告人の供述が信用できるかを話題にしたことはあるが、Sの調書との勝ち負けという言葉を言ったことはない、……「都合のいい話をするな。真実を話して欲しい。それが被害者や遺族に応えることになるのではないか。たとえ罪が重くなっても正直に話した方がいい。」などと話したところ、被告人は殺意を認めた、などと供述（し）…、本件の取調時の状況について、被告人と取調官の供述には種々の点で違いがある。……しかし、他方、……6月7日ころまで、被告人は、殺意の点に関し

あいまいな供述をしており、同日の勾留理由開示公判では、「刑事さんや検事さんは、私が何を言っても、とにかく私に殺意があったような調書を作ろうとしますが、それは絶対に違います。」と述べていたこと、しかるに、同月9日には、「被害者がいずれは死んでしまうだろうと思っていた。」との記載内容がある検察官調書に署名指印しており、同月7日から9日までの間に、被告人の供述内容に変更があること、その時期には、Sは、本件は被告人が主導して行ったもので、自分も一部関与したが被告人に言われて仕方なくやった旨の供述をしていたもので、被告人の供述とは大きく対立するものであることなどに照らすと、捜査官が、殺意等を否定する被告人に対し、これも認めなければ、被告人供述との関係で、信用性が低くなる旨述べて、殺意を認めさせようとすること自体は不自然、不合理ではないこと、とりわけ、被告人とSの役割や関係とは別に、殺意に関する事項については、捜査官としては大きな関心があったとみられること、などに照らすと、捜査官が、被告人が公判で供述するようなことを述べることは、不自然・不合理とはいえない。…また、A検事の公判における被告人に対する被告人質問の内容から、同検事において、少なくともSの供述と比較して、被告人の供述が信用できるかを問題としたことが認められることをはじめとして、前記前提事実ともある程度符合している側面もある。……(他方) A検事は、公判廷で (「あなたが、本当の気持ちや、本当にあったことを正直に話せば、あなたの話がSに負けることはないんだという形で検事から言われたことはありませんか。」など) と被告人に質問を発しているのに、これと整合しないとみられる供述をしている。以上検討したところによれば、<u>録画・録音媒体等の客観的な証拠が提出されていない本件においては、取調べ状況に関する被告人の前記供述を排斥することはできない</u>……から、同供述を前提として、以下任意性に疑いがあるといえるか否かを検討する。……前記認定事実及び被告人の供述によれば、黙秘ないし否認した当時、殺意は否認しつつも犯行への関与は認めた後も、検察官から、被告人が黙秘ないし否認すれば、Sの供述調書に勝てず、被告人が主犯だというSの言い分が採用され、最悪な結果になるなどと繰り返し言われ、加えて、取調べ警察官らからは、最悪な結果として、死刑や無期懲役になりうると示唆されたため、取調官の意に沿って犯行を自認し、その後、殺意を認め、……(記憶が) あいまいな点についても明確な記載がある調

書に署名した疑いが残ることになる。そうすると、このような供述内容の自白調書については、……任意になされたものでない疑いがあるものといわなければならない。

この決定を見れば、A検事の公判供述が弾劾されたことにより、取調べ状況に関する被告人の供述が相対的に重視され、任意性の否定につながったことがわかるであろう。

ただこの決定で注目すべきなのは、それだけではない。この決定で重要なのは、裁判所が、取調べ状況を、被告人の供述変遷過程のほか、当時のSの供述内容（捜査状況）、自白を引き出したい取調官の心理、さらには可視化の不存在など、きわめて多角的立体的に捉えて、任意性の判断をしていることである。これは、取調べ状況をめぐって争う場合に（特信性立証も同じである）、弁護人が常に意識すべきことであろう。そのためには、被告人の供述調書の精査はもちろんのこと、取調べ状況記録書面や共犯者供述、被疑者ノート、接見メモ等の多角的な検討が不可欠である。取調官の反対尋問には、そのような検討から得られた具体的な取調べ状況のイメージをもって、準備に当たるべきなのである。

取調官を弾劾するためのルール

取調官の反対尋問で留意すべき事項を、ルールとしてまとめておこう。

- 取調べ状況を具体的にイメージせよ。
- 調書の変遷過程を検討せよ。
- 捜査経過を検討せよ。
- 供述者の心理を検討せよ。
- 取調官の心理を検討せよ。

*1　大阪地決平成19年7月11日（判例集未登載）。編集の都合上、適宜修正を加えている。なお、本文にも引用したとおり、「録画・録音媒体等の客観的な証拠が提出されていない本件においては、取調べ状況に関する被告人Hの前記供述を排斥することはできない」と、取調べの可視化の必要性を示唆する画期的な判断が示されていることにも留意されたい。

コラム 一部録画DVD作成者（＝取調官）を尋問せよ

　取調べ一部録画DVDが広く試行されている。「自白調書」の任意性を争うとき、上記DVDの法廷顕出をめぐって、ダイヤモンドルール研究会は、その作成に関する尋問（取調官尋問）を行うことが必要だと考えている[*1]。その過程を経て、当該DVD、あるいは、「自白調書」の証拠能力・証拠価値に関して、裁判所がどのように判断するのか、極めて重要なことである。そのような尋問にテーマを特化させて論じてみることとする。「どう訊くか」が重要とのルールには反するかもしれないが、どう準備していき、最低限「何を訊くのか」を素描しておきたい。もとより、これは今後の実務のなかで、繰り返し更新されるべき「たたき台」の提供でしかない。

取調官に「何を訊くか」

　取調官に「何を訊くか」のポイントは、次の試行理由そのもののなかに記されているといえる。すなわち、最高検察庁は2006（平成18）年5月9日、次長検事コメントを発して次のように述べている。

　　裁判員裁判における被告人の自白の任意性立証の方策……の検討の一環として、裁判員裁判対象事件に関し、立証責任を有する検察官の判断と責任において、任意性の効果的・効率的な立証のため必要性が認められる事件について、取調べの機能を損なわない範囲内で、検察官による被疑者の取調べのうち相当と認められる部分の録音・録画について、試行することとしました。

　「一部録画」の問題は上記「試行理由」を訊き糺すことにより明らかになる。すなわち、ここで目標とすべきなのは、「一部録画」で「任意性立証」を果たそうとする姿勢が根本的に間違いであることを示すことに尽きよう。そのためには、取調べの「全過程」録画の申入れを捜査段階で行っておく必要があり、そのうえで、容易に「全過程」を録画できたこと（少なくとも、全過程録

音が容易であったこと）を示すことになる。そのうえで、にもかかわらず「一部」の記録にとどめた姿勢を問うことになる。同時に、被疑者ノートも差し入れておき、その記載の存在の知悉性などを問うことになる。その他、捜査段階において弁護人から捜査手法に対する苦情の申立てがあったこと、それにもかかわらず十分な調査をしていないことなどを問い糾す場合もあるであろう。要するに、その反対尋問を「任意性の疑い」の存在を示すプレゼンテーションの場とするのである。

　一般的に、取調官に対する尋問というものの難度は、前章の記述にもかかわらず、必ずしも高くないと言えることがある。なぜなら、彼らは証人として出廷する際、防御ラインをかなり上げて登場することが少なくないからである。つまり、平たく言えば、彼らは法廷で嘘を言う。取調べの可視化に反対する警察・検察は、自らの姿勢を被疑者・被告人に投影し同一化させるという防衛機制を採っているのではないかと思われる。誤解を恐れずにあえて言えば、それほどに、彼らにとって、法廷は真相を語る場ではないらしい。あるいは逆に、比較的素直な供述をする取調官もおられる。この場合も、その難度は高くない場合がある。なぜなら、その場合でも、取調官自身が任意性の解釈適用基準を基本的に誤っていることがあるからである[2]。むろん、手強く堅実な取調官もいるだろう。ただ、初心者の方にあえて言えば、いずれにしても、取調官に対する尋問を特別なものと考える必要はまったくないということである。

　さて、以後検討する架空事例は、被疑者が〇月〇日まで否認し、同日、自白に転じた被疑者への取調べについてのものである。〇日の〇時頃、利益誘導があったとしよう。その旨、被疑者は被疑者ノートに書いている。そして、〇月×日の検察官の取調べで、DVD録画されたとしよう。

取調官に対する尋問——具体例

以下、具体的な尋問をシミュレートしてみよう。

・〇月〇日の段階まで被告人は否認していましたね。
・あなたは、その否認を嘘と認識したのですかね。
・〇月〇日の取調べで自白に転じたのですね。

- ○月○日の○時頃ということでしたか。
- 自白に転じた理由は「〜」ということでしたか[*3]。
- 被疑者ノートの「……」の記載の存在は知っていますね。
- 「……」というのは特徴的な表現ですね。
- 供述調書では「×××」としか表現されていませんね[*4]。
- ところで、○月○日の取調べ自体は録音・録画していませんね。
- ○月△日もしていませんね。
- 自白に転じた後も○月×日まで×日間、録音・録画していませんね。
- あなたはカセット録音をした経験がありますね（ボイスレコーダーはどうですか）。
- ○月○日、「真相が語られたとき」に、録音・録画に物理的支障がありましたか。
- △日に（あるいは×日までの間）物理的支障がずっとあったのですか。
- 録音・録画は任意性立証のためにするのですね。
- 取調べが適正であることを示すという目的はないのですか。
- 任意性の「効果的・効率的な立証」のためにするのですね。
- 否認から自白に転じた状況を録音・録画すれば、「効果的・効率的」ですね。
- それをしないのなら、自白に転じた直後に録音・録画するのも、任意性立証のうえで、まだしも「効果的」ではないのですか。
- 本件で自白直後の録画・録音で取調べの機能が損なわれることがありましたか。
- ところで、○月○日までに、「取調べの全過程を録画してくれ」という申入れがありましたね。
- △日に、苦情申立てもありましたね。
- 立証責任を有する立場で、それらに対応されましたか。
- あなたの「判断と責任において」対応しないと決めたのですね。

　以上は、あくまでも総花的でストレートな尋問シミュレーションの素描（「たたき台」）にすぎない。これらの各尋問にあって、どの尋問がリスキーか、あるいは、どういう訊き方をすれば、そのリスクを減らせるのかなど、各自、工夫してシミュレートしてみてほしい。

現在の試行方法の場合、上記したところのほか、異論はありうるだろうが、次のごとき尋問も考慮に値する。

・録画の最初の場面で、あなたは、問題となる調書を被告人に読ませましたね。
・これは刑訴規則199条の11第1項に反するのではないですか[*5]。
・あるいは、刑訴規則199条の3第4項にも反しませんか。
・それを「相当」とあなたは判断して録音・録画したわけですね。
・そういう配慮をしていませんね。
・調書の内容を誘導していることはわかりますね。

　議論にわたる尋問としてあまりに稚拙であるかもしれない。あるいは、不相当ないしは違法な尋問であろうか。しかし、捜査官相手には「正当な理由」がある尋問なのではないだろうか（刑訴規則199条の3第2項参照）。この点も、各自が考えシミュレートする、一つの材料として、本番に臨んでいただければと思う。

[*1] 取調官への尋問が必然化する所以については、守屋克彦「取調べの録音・録画と裁判員裁判」法律時報80巻2号（2008年）3頁、川崎英明「裁判員制度と任意性立証・特信性立証」季刊刑事弁護54号（2008年）48頁、小坂井久「取調べ可視化論の現在・2008」同10頁以下など参照。
[*2] たとえば、検察官証言の例として、「怒鳴ったり机をたたいたりということで……それだけで任意性が飛ぶこともないし……」というものがある（小坂井久「司法司法改革と可視化」法律時報76巻10号〔2004年〕53頁参照）。
[*3] 現実には、否認調書を作成しないことが多いため、自白した時期自体、取調官の言い分と被告人の言い分が異なることがある。防御ラインを上げる取調官は調書を何も作成していない段階から「自白」していたなどと証言することさえある（たとえば、調書作成の2週間前から「自白」していたと証言した検察官が現におられるのである）。
[*4] 防御ラインを上げる取調官証人は、意外と被疑者ノートの記載も全面否定するばかりということがある。
[*5] もとより、これは「読み聞け」の場面を問題にしているのではなく、調書完成後に読ませるという作業を対象としている。調書記載の内容をそのままインプットされることで、被疑者は、強く誘導されるだろう。この場面で、この法条の準用を肯定することは正当だと考える。

反対尋問――テクニック編

【第13章】短く！短く！
──反対尋問の長さはいかにあるべきか

あるジョーク

　欧米では、法律家をネタにしたジョークが多い。

　イギリスで見つけたそのようなジョーク集のひとつに、弁護人が、証人に対し反対尋問をしているシーンがあった。弁護人は、証人を前に話し続ける。「さて証人、事件の日に、あるいはそれとは別の日に、いくらか被告人の本件、つまり公判に顕出された事件に、被告人になんらかの関与があったとしても……」という具合である。そのような前置きを延々と続けたうえで、弁護人は、決めゼリフをぶつける。「さあイエスかノーで答えて下さい！」戸惑った証人は、おずおずと問い返す。「イエスかノーって、何について？」[*1]。

　イギリスでは、反対尋問はジョークの格好の餌食になっているようである。言うまでもなく、笑いの対象となっているのは、反対尋問の冗長さである。

　もちろん、ここまで露骨にジョークとして突きつけられれば、われわれも、その弁護人の手際の悪さに、つい吹き出してしまう。

　しかし、われわれは笑っているだけでよいのであろうか。日本の法廷で、同じような失笑を買っていないか、冷静に反省してみる必要があるのではないだろうか。

問いの長さ

　たとえば、次のような反対尋問に出くわしたことはないであろうか。場面は、自白の任意性立証のために証言に立った取調官に対する反対尋問であ

る。弁護人は、自白が保釈を餌にした利益誘導で獲得されたのではないかと迫った。

弁護人　被告人は、〇月〇日の取調べで、あなたから自白をしたら保釈になるから認めろ、と言われたと言っていて、実際に、被告人は〇月〇日の取調べで自白をしているんですよ。あなたは被告人を保釈で自白へと利益誘導したんではないんですか。どうですか。
証　人　……どうですか、と言われても……答えようがありません。

　この尋問に問題はあるだろうか。もちろん大ありである。イギリスのジョークの例ほど露骨ではないにしても、基本的には同じ構造であることがおわかりいただけるであろう。
　では、この尋問の一体何が問題なのであろうか。なによりこの尋問は、1つの問いが長い。長い問いを続けているうちに、何が聞きたいのか、焦点がぼやけてしまっている。その挙げ句に、証人に「答えようがありません」などと切り返される羽目になってしまったのである。
　反対尋問も、冒頭陳述や弁論と同じく、事実認定者（裁判官、裁判員）に対し、尋問の成果をメッセージとして伝えるプレゼンテーションの一種であると心得なければならない[*2]。そうである以上、反対尋問であっても、事実認定者に対し、できるだけわかりやすいものでなければならないのである。しかし、他方で、反対尋問をプレゼンテーションととらえるとしても、それはきわめて特殊なプレゼンテーションである。尋問は、冒頭陳述や弁論とは異なり、受け手である事実認定者に対し、直接語りかけるものではないからである。証人との一問一答を通して、いわば間接的に事実認定者に訴えるのが尋問である。しかも、反対尋問は、敵性証人との一問一答を通じて、尋問者の意図をメッセージとして伝えようとするものである。直接的なプレゼンテーションの数倍もの困難さがあると言ってよいであろう。そうであるにもかかわらず、証人にも問い返されるような冗長な尋問をしているようでは、事実認定者に対し、反対尋問の成果を効果的に伝えることなど、もとより不可能であろう。わかりやすく問う、それが第一である。
　それでは、わかりやすく問うためには、どうすべきか。その答えが、刑訴規則199条の13第1項に凝縮して示されている。「訴訟関係人は、証人を尋問す

るに当たっては、できる限り個別的かつ具体的で簡潔な尋問によらなければならない」という規定である[*3]。

とにかく質問の長さは、わかりにくさの最大の原因である。われわれ弁護士は、証人をやりこめようとするあまり、とかく物事を難しく考え、1つの問いに長々といくつものことを盛り込みがちである。しかし、そのようにいろいろと盛り込みたくなる気持ちを抑え、できるだけ手短に、「簡潔」に問うのである。このことを心がけるだけで、尋問はずいぶんすっきりとわかりやすくなる。それでは、簡潔に問うにはどうしたらよいのか。「できる限り個別的」に問うのである。できるだけ複文を避け、1つの質問に1つの主語・述語のみが含まれるように工夫することである。もし、いくつかのことを尋ねたいのであれば、尋問を分解して個別化し、徹底的に「一問一答」を貫くのである。先の尋問を例に挙げれば、次のようになるであろう。

弁護人　被告人は、○月○日の取調べで、自白をしましたね。
証　人　そうですね。
弁護人　それまで被告人は否認をしていましたね。
証　人　そうですね。
弁護人　その日が、初めての自白でしたね。
証　人　そういうことになりますね。
弁護人　自白まで10日以上ありましたね。
証　人　そうですね。
弁護人　自白に至るまでに、あなたと被告人はいろいろと話をしましたね。
証　人　もちろんしました。
弁護人　事件以外のことも話をしましたね。
証　人　それはそうですね。
弁護人　たとえば、被告人の勾留のことも話に出ましたね。
証　人　出たかと思います。
弁護人　勾留されていてつらい、と言っていましたね。
証　人　そりゃ、勾留されたら誰でもつらいでしょう。
弁護人　できれば出たいということを言っていましたね。
証　人　……言っていたような気もします。

弁護人　保釈のことも話題に出ましたね。
証　人　出ていたかもしれません。
弁護人　否認していたら、保釈されにくいですね。
証　人　それは、私には何とも言えません。
弁護人　そのことが、被告人と話題に出ましたね。
証　人　……さあ、出たかもしれません。

　いかがであろうか。保釈の話題が自白のきっかけになった可能性が浮かび上がってきたと言えるであろう。もちろんこれは架空尋問であり、実際にこのとおりにうまくいくとはかぎらないが、この例のように、短い質問をテンポよく突きつけていけば、少なくとも事実認定者にも理解のしやすい尋問となるであろう。
　そして、ここで注意してほしいのは、先ほどの悪い例とは異なり、この尋問例では、「具体的に」「事実」を聞いていることである。取調べ時の話題1つ1つを取り上げながら、可能なかぎり具体的に事実を聞いているのである。これに対し、悪い例では、「保釈で自白へと利益誘導したんではないんですか」などと、事実ではなく、評価をぶつけてしまっている。これをしてしまうと、尋問はとかく証人との議論になり、第三者として聞いている事実認定者には、何のことかわかりにくくなる。できるだけ具体的に事実を聞くこと、これも尋問のわかりやすさを確保するために重要なポイントである。
　以上をルールとしてまとめてみよう。まず、

・できるだけ短く問え。

ということが反対尋問の基本的で重要なルールである。そして、そのためには、

・質問を細かく分解せよ。
・具体的に事実を聞け。

ということがルールとして挙げられるであろう。

尋問全体の長さ

　以上では、反対尋問における問いの長さについて検討したが、反対尋問における尋問全体の長さについても考えてみよう。この点は、刑訴規則188条の3第2項が、新たに「証人の尋問を請求した者の相手方は、証人を尋問する旨の決定があったときは、その尋問に要する見込みの時間を申し出なければならない」と定めたことからも、重要な問題となってきている[*4]。

　筆者（秋田）は、新人弁護士のころ、複数の先輩弁護士から、「反対尋問は、主尋問の2倍の時間をかけてよい」と聞かされた。複数の弁護士から聞かされたことからすれば、これは一種の不文律となっていたのであろう。不文律のゆえか、残念ながら、その理由を尋ねる機会を失してしまったが、今にして思えば、おそらくその理由とするところは、以下のようなことになるのではないであろうか。「反対尋問は、主尋問と違って、直接的な問いをできず、周辺から聞かざるをえない。したがって、主尋問を弾劾するためには、主尋問より時間がかかってもやむをえない。2倍の時間がかかるのだ」。

　このように説明してみれば、「主尋問の2倍」という話も、それはそれでもっともらしいような気がしてくる。すでに本書でも、直接的な疑問をぶつけるだけの反対尋問はタブーであると、何度もたしなめてきた。

　しかし、ここでも考えなければならないのは、反対尋問のプレゼンテーションとしての側面である。延々と続くプレゼンテーションの受け手はどのように感じるであろうか。よほど関心があるか、面白い話題ででもないかぎり、早々に退屈し、聞いてもらえなくなるであろう。裁判員裁判が始まれば、とくにこの点は留意しなければならないであろう。誤解を恐れずに言えば、プレゼンテーションを聞いてもらうためには、短ければ短いほどよいのである。無駄な尋問などしている余裕はない。

　考えてみれば、これは反対尋問の目的からも、同じことが言える。すなわち、反対尋問の目的は、あくまで主尋問証言の弾劾である。決して主尋問に表れた事項を網羅的に確認していく場ではない。もし、そのようなことをすれば、単に主尋問の塗り壁尋問に終わるであろう。実際、弾劾をする場合、主尋問に現れた事項すべてについて、網羅的に弾劾することは考えがたい。自己矛盾にせよ、客観的証拠との矛盾にせよ、弾劾すべき要点は必然的に絞られてくるはずである。

確かに、先にも述べたように、反対尋問では、直接的に疑問をぶつける尋問はすべきではない。証人を矛盾へと誘導し、矛盾を突く、という作業が必要である。しかし、その作業も、先に見たように、誘導尋問によって、テンポよく、メリハリをつけて行う必要がある。結局、先の不文律が言うように、反対尋問が、主尋問の２倍の時間がかかることはまずないであろう。もちろん事件によって一概には言えないが、筆者の感覚では、不文律とは逆に、ほとんどの場合反対尋問は、主尋問の半分程度で十分である。むしろ、まったく反対尋問をしないことも重要な選択肢として考えるべきである[5]。
　ここで、新たなルールを示しておこう。

- 無駄な尋問をするな。
- できるだけ短く終えよ。

---

*1　Edward Phillips, The Tiny Book of Lawyer Jokes, p.46, Harper Collins Publishers, 1989.
*2　秋田真志「裁判員裁判と反対尋問技術」自由と正義57巻7号（2006年）43頁、日本弁護士連合会編『法廷弁護技術』（日本評論社、2007年）106頁以下参照。
*3　同項は、2005年11月の刑訴規則の一部改正がなされた際に、「簡潔な」という文言が加えられた。
*4　同項も2005年11月の刑訴規則の一部改正によって新たに加えられたものである。
*5　秋田・前掲*2論文50頁、前掲*2書114頁参照。

【第14章】
ダメは押すな！
――つい突っ込みたくなる誘惑を抑えよう

直接疑問をぶつけるな

　反対尋問をしていると、ついつい直接疑問をぶつけて、証人を追及したくなる。しかし、反対尋問では、直接疑問をぶつける尋問は、タブーである。

　これをよくある反対尋問例で再確認しておこう。事案は、2006年に各地の地裁で実施された裁判員模擬裁判の題材として使用された強盗致傷事件（及川事件）である[*1]。

　日雇い労務者の被告人及川は、日雇い仲間の共犯者小田とともに、神林公園で酒盛りをしていた。しかし、酒代が足りなくなったことから、及川は、小田と共謀して、神林公園にいた被害者石山から、カンパと称して現金を奪ったとして起訴された。公訴事実で及川は、石山の顔面を殴ったとされている。これに対し及川は、左手で肩をこづいただけで、顔面を殴るなどしていない、と暴行を否認している。ここで取り上げるのは、現場を目撃していた第三者坂西証人の反対尋問である。坂西証人は、検察官の主尋問で、現場から20メートルくらい離れていたところにいたが、共犯者（小田）が、被害者（石山）に「お金を出せ」と要求したことや、被告人（及川）が被害者を左手で1発殴ったことを目撃した、と証言した。

　この目撃証言に対する反対尋問を考えてみよう。まず、証人が、共犯者が被害者に「お金を出せ」と要求したかどうかを本当に「聞いたかどうか」という点についての尋問である[*2]。

　弁護人　あなたが目撃した位置から、石山さんがいたところまでの距離は、20メートルくらいですか。

証　人	まあ、20メートルを超えることはないと思います。
弁護人	ここで巻き尺を用意していますので、20メートルの距離を証人に示して、どの程度の距離があったかを確認してみたいと思います。
裁判長	どうぞ、示してください。
弁護人	（巻き尺を伸ばして）20メートルは、ちょうどこの法廷の端から端くらいなのですが、これくらいだったでしょうか。
証　人	そうですね。
弁護人	あなたは、これだけの距離からね、小田が石山さんに、お金を出せと要求しているのがわかったということですよね。
証　人	はい。
弁護人	それは、そういう声が聞こえたんですか。
証　人	そうですね、聞こえました。

　弁護人としては、20メートルも離れていた坂西証人に、「お金を出せ」という小田の声が聞こえたことに疑問を感じたようである。そこで、20メートルという距離を実際に坂西証人に示したうえで、「あなたは、これだけの距離からね、小田が石山さんに、お金を出せと要求しているのがわかったということですよね」「そういう声が聞こえたんですか」という疑問をそのまま坂西証人にぶつけてしまった。その結果は、どうだったであろうか。「そうですね、聞こえました」と答えられて、終わりである。尋問の武器となったのは、20メートルという距離だけである。その武器を使ってしまった以上、それ以上に突っ込みようもなく終わっている。これでは反対尋問として失敗である。

矛盾する周辺事実を積み重ねよう！

　それでは、「聞こえた」という坂西証言を弾劾するためにはどうすればよいのであろうか。たとえば、以下のような尋問はどうだろうか。

弁護人	あなたが見ていたところは、石山さんがいたところまで、20メートルくらいということでしたね。
証　人	そうです。

【第14章】ダメは押すな！——つい突っ込みたくなる誘惑を抑えよう

弁護人　あなたは、その距離から3人のけんかの現場に近寄ったことはありませんね。
証　人　そうですね。
弁護人　あなたはベンチに座ったままでしたね。
証　人　はい。
弁護人　あなたと石山さんがいたところまでの間には、花壇があったのですね。
証　人　そうですね。
弁護人　その花壇の縁には、何人かの労務者が座っていたのですね。
証　人　そうですね。
弁護人　何人くらいいましたか。
証　人　6、7人はいたと思います。
弁護人　彼らは、酒盛りをしていたのですね。
証　人　そうです。
弁護人　彼らは、黙って酒を飲んでいましたか。
証　人　いえ、いろいろ話していたと思います。
弁護人　大きな声で話している人もいたのではないですか。
証　人　そうですね。
弁護人　実況見分調書の現場見取図を示します。これが現場ですね。
証　人　そうですね。
弁護人　あなたのいた位置と、石山さんとの間にベンチがありますね。
証　人　はい。
弁護人　このベンチにも労務者の人がおられましたね。
証　人　はい。
弁護人　この人が何を話していたかわかりますか。
証　人　わかりません。
弁護人　その隣のベンチにも労務者の人がいたのではないですか。
証　人　いたと思います。
弁護人　その人が何を話していたかわかりますか。
証　人　わかりません。
弁護人　公園のすぐ横に高速道路の高架の柱がありますね[*3]。
証　人　そうですね。

弁護人	同じ実況見分調書の添付写真2号を示します。公園の全景写真ですね。
証　人	そうですね。
弁護人	この写真に写っている中央の柱が、今証言していただいた高架の柱ですね。
証　人	そうです。
弁護人	この高架の上には、高速道路が通っているのですね。
証　人	そうですね。
弁護人	これは都市高速道路ですね。
証　人	そうですね。
弁護人	終わります。

　いかがであろうか。この尋問例では、証人に対し、「聞こえたかどうか」という疑問を直接ぶつけることはしていない。その代わり、「聞こえた」という事実と矛盾する事実、すなわち周辺が騒がしかったことや、他の労務者の大声の会話を聞き取れていないことなどの事実を積み重ねているのである。

ダメを押すな！

　しかし、せっかくこのように矛盾する事実を積み重ねても、最後に、ダメを押してしまえば台なしになる危険性が高い。たとえば、尋問例の最後の「終わります」の代わりに、「それなのに聞こえたのですか」と聞いてみたらどうなるであろう。答えは、「はい、聞こえました」となるのが落ちであろう。
　ここに反対尋問の難しさのひとつがある。反対尋問がうまくいけばいくほど、ついつい調子に乗ってダメを押したくなるからである。しかし、ダメを押せば、そこでそれまでの反対尋問が台なしになってしまうことも多いのである。
　この点を、やはり坂西証人に対する別の尋問例で見ておこう。及川が石山を殴ったのを目撃したとの証言に対する尋問である[*4]。

弁護人	あなたから見て、被告人が殴ったという場面で、石山さんのどちらが見えたのですか。

【第14章】ダメは押すな！──つい突っ込みたくなる誘惑を抑えよう

証　　人　　後ろの背中側ですね。
弁護人　　石山さんの背中の左側と右側のどちらがあなたに近かったのですか。
証　　人　　左側です。
弁護人　　被告人は石山さんの正面にいたのでしょうか。
証　　人　　はい、真ん前です。
弁護人　　そうすると、あなたからは、石山さんの左手側が見え、右肩、右手は斜め背中越しに見えていたと、こういうことですね。
証　　人　　はい。
弁護人　　逆に、及川さんのほうは右手側が見えていたと、こういうことになりますね。
証　　人　　はい。
弁護人　　つまり、及川さんの体が邪魔になって左手は見えていなかったんじゃないですか。
証　　人　　見えるシーンもありました。
弁護人　　あなたの今の位置関係に関する証言だと、手前に石山さんがいるので、石山さんが陰になって及川さんの体の一部が見えないのではないですか。
証　　人　　でも、角度的には左手で殴っているようには見えましたので、すべて最後まで当たっているかと言われたらわかりませんが、殴っていると思いました。

　どうであろうか。この尋問の場合、被害者を殴ったという及川の左手が、実は証人の位置からは、被害者の体や、及川自身の体の陰になって見えなかったはずだという事情が引き出されている。この点少なくとも、殴ったのを確実に目撃したかのような坂西証言に対する弾劾は成功しているといえるであろう。ところが、成功しているはずの尋問のインパクトが弱くなってしまっている。なぜであろうか。
　やはり、ダメを押す尋問、すなわち「及川さんの体が邪魔になって左手は見えていなかったんじゃないですか」が問題である。ここで直接的な疑問をぶつけられた証人は、「見えるシーンもありました」との言い逃れを始め、さらに弁護人からの追い打ちに対し、「でも、角度的には左手で殴っているよう

には見えましたので、すべて最後まで当たっているかと言われたらわかりませんが、殴っていると思いました」とあくまで、殴ったと見えたことを強調しようとしているのである。これは証人としては当然の心理である。坂西証人は、「殴ったことを目撃した」と証言するためにわざわざ法廷に出向いてきているのである。直截に「見えていなかったのではないか」と聞かれれば、「いや、見ていました」と答えるのが、彼の役割であるとすらいえる。

　このように、ダメ押し尋問は、証人の弁解を引き出す可能性も高く、きわめて危険なのである。それではどのようにすべきであろうか。たとえば、以下のような尋問はどうであろうか。

弁護人　及川さんが殴ったという場面で、石山さんは、あなたに背を向けていましたね。
証　人　はい。
弁護人　石山さんは斜めに背中を見せていたということですね。
証　人　そうです。
弁護人　左肩のほうがあなたに近かったということですね。
証　人　そうです。
弁護人　そうすると、あなたからは、石山さんの左手側が見え、右肩、右手は向こう側になりますね。
証　人　はい。
弁護人　及川さんは、あなたから見て石山さんの向こう側で、石山さんと向かい合っていたのですね。
証　人　そうです。
弁護人　逆に、及川さんの右手側が見えていたのですね。
証　人　はい。
弁護人　及川さんの左手は、あなたの位置からは、石山さんの体の陰になりますね。
証　人　……そうですね。
弁護人　及川さんは、石山さんをどちらの手で殴ったとおっしゃいましたか。
証　人　左手です。
弁護人　殴ったのは、石山さんのどちらの頬ですか。

【第14章】ダメは押すな！――つい突っ込みたくなる誘惑を抑えよう

証　人　右です。
弁護人　石山さんの右頬は、あなたの位置から向こう側ですね。
証　人　はい。

　この尋問例では、「見えていたかどうか」という直接的な尋問、ダメ押しは避けていることがおわかりいただけるであろう。しかし、事実認定者には、証人の位置からは被告人の左手は見えていなかったはずだ、ということは十分に理解できているはずである。反対尋問としては、ここで尋問はとどめ、後は弁論に委ねるべきなのである。ダメを押したくなる誘惑を抑え、「寸止めをすること」、これが反対尋問の極意のひとつである。
　今回のルールを再確認しておこう。

- **・証人に直接疑問をぶつけるな。**
- **・ダメを押すな。**
- **・寸止めせよ。**

*1　及川事件については、大阪地裁で実施された模擬裁判について、中川博之ほか「大阪の法曹三者による第2回裁判員制度模擬裁判実施結果報告書」判例タイムズ1230号（2007年）4頁に詳しい報告がなされているので、参照されたい。
*2　この尋問例は、ある地方の模擬裁判で行われた反対尋問を参考にはしているが、本稿用に作成したオリジナルの内容であって、実際の模擬裁判の尋問とはまったく異なる。
*3　及川事件の記録は、地方によって若干の修正が加えられている。実況見分調書上、神林公園の近くに高速道路があるのは、ある地方の例に限られる。
*4　これもある地方における模擬裁判の反対尋問例を参考にしたものであるが、本稿用に作成したオリジナルの内容であって、実際の尋問とは異なる。

主尋問編

【第15章】
誘導尋問を意識せよ！
——より的確な主尋問のために

絶対に誘導するな！

　これまでは、主に反対尋問の技術について見てきた。本編では、及川事件（第14章参照）における被告人質問例を題材に、主尋問について考えてみよう。

　まずは、被告人の及川が、共犯者とされた小田から、被害者にカンパしてもらおうと誘われた場面である。

弁護人　本件で、あなたの共犯者とされている人がいますね。
被告人　はい、小田さんですね。
弁護人　あなたは小田さんのことを普段、何と呼んでいたんですか。
被告人　としさんです。
弁護人　あなたは小田さんといつ知り合ったのですか。
被告人　3年前ですね。
弁護人　小田さんは、どんな性格の人ですか。
被告人　しっかり者で、神林のリーダーですね。
弁護人　事件の日あなたがいたのは、神林公園ですね。
被告人　そうです。
弁護人　実況見分調書添付見取図3号を示します。これが神林公園の図ですね。
被告人　そうですね。
弁護人　公園の東側には、道を挟んでいくつかの店が並んでいますね。
被告人　はい。

弁護人　この図の中に、あなたが知っているお店はありますか。
被告人　はい、この久保田商店です。
弁護人　公園の東側の出口を出てすぐのところですね。
被告人　そうです。
弁護人　事件が起こる前、あなたは、この神林公園のどこにいたのでしょうか。
被告人　公園の中のベンチです。
弁護人　この図面では（指さしながら）ここですね。
被告人　そうです。
弁護人　中央にある鉄柱の横にあるベンチのところですね。
被告人　そうです。
弁護人　では、事件のことについて聞いていきます……。

　実際の法廷で、このような主尋問がなされた場合、何の違和感もないであろう。
　しかし、もし誘導尋問が一切許されず、少しでも誘導尋問をすれば、容赦なく「異議！」の攻撃にさらされるとすればどうなるだろうか。この例では、以下のようになってしまう。

弁護人　本件で、あなたの共犯者とされている人がいますね。
検察官　異議あり！　誘導です。
裁判長　異議を認めます。
弁護人　事件の日あなたがいたのは、神林公園ですね。
検察官　異議あり！　誘導です。
裁判長　異議を認めます。
弁護人　実況見分調書添付見取図３号を示します。これが神林公園の図ですね。
検察官　異議あり！　誘導です。
裁判長　異議を認めます。
弁護人　公園の東側には、道を挟んでいくつかの店が並んでいますね。
検察官　異議あり！　誘導です。
裁判長　異議を認めます。

【第15章】誘導尋問を意識せよ！──より的確な主尋問のために

弁護人　この図の中に、あなたが知っているお店はありますか。
検察官　異議あり！　誘導です。
裁判長　異議を認めます。
弁護人　事件が起こる前、あなたは、どこにいたのでしょうか。
被告人　公園の中のベンチです。
弁護人　中央にある鉄柱の横にあるベンチのところですね。
検察官　異議あり！　誘導です。
裁判長　異議を認めます。
弁護人　……。

　仮に、このように異議が出されてしまえば、もはや尋問の体はなさず、お手上げであろう。確かに、これは極端な異議といえる。しかし、「誘導か否か」という観点からいえば、検察官の異議は、すべて正当である。異議の対象となっている尋問は、いずれも「イエス」か「ノー」かで答えられる問いであり、誘導尋問とみなされるからである[*1]。翻ってみれば、主尋問の主人公は、あくまで証人または被告人自身である。主尋問は、尋問者が答えを誘導し、押しつける場ではない。できるだけ証人自身に、その言葉で語らせるべきであって、誘導尋問はできるだけ避けるべきである[*2]。
　もちろん、実際の法廷では、誘導尋問だからといって、このような異議が出されるわけではない。むしろ、わが国では、主尋問における誘導に寛容である。いうまでもなく、刑訴規則上も「実質的な尋問に入るに先だって明らかにする必要のある準備的な事項」や「訴訟関係人に争のないことが明らかな事項」などの誘導は認められる（刑訴規則199条の3第3項）。実際、誘導尋問のほうが時間の節約にもなることも事実である。わかりやすい核心的な尋問をするためには、争いのない事項等は誘導したほうがよい場合もあろう。2005年の刑訴規則改正で新設された198条の2が「争いのない事実」について、「誘導尋問」の活用を求めているのも、同様の趣旨である。その意味で、実際の法廷では、主尋問でひたすら誘導尋問を避けろというのは、現実的でもないし、得策ともいえない。

「誘導」への意識を高めよう！

　しかし、尋問技術とその習得という観点から考えるとき、われわれはいささか誘導尋問に寛容すぎたというべきであろう。単に寛容であるというより、わが国の法曹は、何が誘導尋問にあたるのか、という意識そのものが希薄である。その結果、単に準備的な事項や争いのない事実だけではなく、肝腎の争点についての主尋問ですら、安易に誘導尋問がなされ、それに対し異議も出されない、というのが実情であった。これでは、法廷は決して活気のある場にはならない。

　われわれは、まず何が誘導尋問か、あるいは誘導すべきかどうか、といった誘導尋問そのものについての意識を高めるべきなのである。そうすれば、主尋問の核心部分において、安易に誘導尋問に頼ることはなくなる。

　誘導尋問への意識を高めることの効用はそれだけではない。常に自らの主尋問における誘導の有無やその是非を意識していれば、相手方（検察官）の尋問に対する感覚も鋭くなり、誘導の有無やその是非も即座に指摘することができるようになる。つまり、不相当な誘導に対し、的確に異議を言えるようになるのである。逆に、普段から誘導尋問について意識しておかなければ、どんどん進んでいく尋問の最中に的確な異議をだすことは、およそ困難である。また、日頃から誘導を意識していれば、自らの尋問に対して異議を言われた場合にも、立ち往生することなく、速やかに反論したり、修正したりすることが可能となるはずである。このように、日頃から誘導を意識しておくことは、一石二鳥にも三鳥にもなるのである。

　それでは、誘導尋問についての意識を高めるにはどうすればよいか。一切誘導をしない主尋問を練習するのである。先の例のように、この練習を第三者に見てもらい、誘導尋問をすれば、直ちに異議を述べてもらうようにすればなおよい。そして、この練習を実際にやってみればすぐにわかることであるが、これが簡単なようで、なかなか難しい。ついつい誘導尋問をしてしまうものなのである。

一切誘導をしない例

　では、先の及川の主尋問を一切誘導尋問なしでするとすれば、どうなるか。

以下のとおりとなろう。

弁護人	あなたがここにいるのは、なぜですか。
被告人	起訴されて、裁判を受けているからです。
弁護人	起訴された事件は、どのようなものですか。
被告人	小田さんという人と一緒になって、石川さんからお金をとって、殴りつけてケガをさせたと言われています。
弁護人	小田さんとは誰ですか。
被告人	私と同じ、神林公園で寝泊まりする労務者で、われわれのリーダーです。
弁護人	あなたは小田さんと知り合ったのは、いつですか。
被告人	3年前です。
弁護人	事件の日、あなたがいたのは、どこですか。
被告人	神林公園です。
弁護人	神林公園のどこですか。
被告人	中央にあるベンチです。
弁護人	及川氏の供述を明確にするために、実況見分調書添付見取図3号の写しを利用したいと思います。写しは、すでに検察官には確認いただいていますので、許可をお願いします[*3]。
裁判長	検察官ご意見は。
検察官	異議ありません。
裁判長	許可します。
弁護人	見取図3号の写しを示します。これは何ですか。
被告人	神林公園の図です。
弁護人	この図を利用して、あなたがいたベンチがどこか説明してください。
被告人	この図の中央に描かれている鉄柱の右横にあるベンチです。

誘導を避ける秘訣と練習方法

いかがであろうか。この尋問例では、まったく誘導がなされていないことがわかるであろう。このように誘導をしないための秘訣は何か。もう一度、

尋問例を見直してほしい。誘導尋問の代わりに、「誰が」「いつ」「どこで」「何を」「なぜ」「どのように」という問いが続いている。おわかりであろう（下線部）。５Ｗ１Ｈ、つまり「六何の原則」に基づいて質問をしているのである。先ほども述べたように、これがなかなか簡単なようで難しい。練習をしないと身につかないのである。

ではどのように練習すればよいのか。たとえば小学生の子どもを相手に、その子どもの１日の出来事を聞き出す練習を繰り返してみればいい。「今日何があったの」「それはいつ」「どこで」「誰と」「なぜ」「どんなふうに」と尋ねていけば、日頃不足がちの子どもとのコミュニケーションも図れて一石二鳥であろう。

考えてみれば、練習台は子どもだけではない。われわれが日々の接見や依頼者との打合せで事情を聞き出すことも同じである。われわれは、主尋問の練習には事欠かないはずである。

あらためて、今回明らかになったルールをまとめておこう。

- **主尋問では誘導するな。**
- **誘導を日頃から意識せよ。**
- **絶対に誘導しない練習をせよ。**
- **５Ｗ１Ｈで聞け。**
- **日々練習をせよ。**

*1　誘導尋問は質問のなかで答を示唆する質問である。それが実質的な定義といえようか。形式的な定義としては「イエス」「ノー」で答えられる尋問は、すべて誘導尋問といってよいであろう。
*2　刑訴規則上、主尋問では原則として誘導が禁止される（刑訴規則199条の３第３項）。なお、実際の裁判では、証人や被告人の供述能力の限界や記憶、法廷での緊張等から、このようなオープンな質問だけでは十分な証言・供述を得られないことも多い。そのような場合には、適宜誘導すべきことは当然である。刑訴規則199条の３第３項も、「記憶を喚起するため必要があるとき」（３号）や「その他誘導尋問を必要とする特別の事情があるとき」（７号）には、誘導を認めている。
*3　これは、刑訴規則199条の12に定める「供述を明確にするため必要があるとき」の図面の利用手順を示した尋問例である。図面を利用するときには、１項に基づき「裁判長の許可」を得る必要があり、また２項で準用される規則199条の10第２項に基づき、「証拠調べを終わったものでない」書面を利用する場合には、「あらかじめ、相手方にこれを閲覧する機会を与えなければならない」。なお、この場合、当該見取図にあらかじめ記号などが書き込まれているような図面であるときは、誘導になってしまうことにも配慮すべきである（記号などを消し去った図面を用意し、あらかじめ相手方に示しておくべきであろう）。

【第16章】
的確に事実を引き出そう
──わかりやすい主尋問のために

　引き続き、及川に対する被告人質問を見てみよう。小田との関係と、事件のきっかけとなったカンパについて尋ねた場面である。

失敗例

❶弁護人　あなたと小田さんのおつきあいについて聞きたいんですけど、小田さんと知り合ったのはいつですか。
　被告人　２、３年前かなあ。
　弁護人　小田さんによれば、あなたとお酒を飲んだのは、この事件当日の前の日が初めてのことだと、こういうことなんですが、あなたの記憶としてはいかがでしょう。
　被告人　小田さんがそう言うんだったら、そうかな。
❷弁護人　あなたの話によれば、小田さんと知り合ったのは２、３年前で、ただ小田さんとお酒を飲んだのが本件当日の前日が初めてということになりますが、そうすると小田さんとはそれほど親しくもないということになるとも考えられるんですが、その点についてはいかがですか。
　被告人　いかがですかって、まあ、小田さんのことは知ってましたけどね。
❸弁護人　私が聞きたいのは、あなたが小田さんと一緒になって、人から物を盗ったり、強盗したりするような関係だったか、ということなんですけど。
　被告人　そんなことしません。
　弁護人　事件当日、お酒を飲んでいるときに、小田さんから何を言われた

|のですか。
被告人　カンパとか言ってたな。
弁護人　どうして、カンパしてもらおうと言ったのですか。
被告人　それは、小田さんに聞いてもらわないと……。
❹弁護人　私が聞きたいのは、小田さんが、あなたにそのようなことを言ってきた理由として、何か思い当たるところがあるか、ということですが。
被告人　近くにいたからじゃないですか。
❺弁護人　なぜカンパということになったんですか。
被告人　神林ではね、みんな、その日暮らしで、金あるやつもいれば、金がないやつもいる。酒飲むのだって、助け合わないとだめですよね。神林で酒を飲むのだったら、金があるやつが金を出す、これがルールです。それなのに、石山は、酒代の金返せとか、そんなこと言いだして、ちょっとふざけ……。
❻弁護人　ちょっとちょっと、そのことはまた、後で聞くので先走らないでくださいね。今の話で出たカンパをしてもらおうという「カンパ」、この言葉の意味なんですが、広辞苑によれば、「資金カンパの略。大衆に呼びかけて資金を募ること。また、その募金に応じること」ということなんですが、小田さんとあなたもその程度の意味で使っていたのではないんですか。
被告人　そんな難しいこと言われても……。
❼弁護人　念のために確認しておくんですが、カンパの意味が今言った意味程度だということになると、その意味には、言うことを聞かなければ相手の意思に反して奪い取るとか、暴力を使っても取るとか、こういう意味は含まれているんでしょうか。
被告人　とにかく、酒代を出してくれ、それだけですけどね。

いかがであろうか。非常に歯切れが悪く、聞きづらい印象を受けるのではないであろうか。もちろん、これは悪い例として挙げたものである。しかし、実際の法廷で、このような歯切れの悪い主尋問にめぐり会うことは、決して少なくない。われわれは、このような主尋問の何が問題で、どのようにすべきかを具体的に明らかにしなければならない。

【第16章】的確に事実を引き出そう──わかりやすい主尋問のために

事実を聞け！

　まず、誰でも気づくのは、1つ1つの質問が長いうえ、理屈っぽいことであろう。❷や❻、❼などがその典型である。このような長々した質問をすることによって、弁護人自身が、いろいろな説明をしようとしているのである。たとえば、❻、❼は、弁護人が考えるカンパの意味を説明しようとしている。説明しているだけではない。弁護人のカンパについての説明・評価を被告人に押しつけようとしているのである。その押しつけの結果、及川から「そんな難しいこと言われても……」などと反発したかのような答えを招いてしまっている。これでは最悪である。しかし、主尋問に限らず、反対尋問でも、このような尋問をしている弁護人は結構多い。いうまでもなく、弁論とは違って、尋問は弁護人による事件の説明の場ではない。語るべきなのは、証人（被告人）自身である。さらに、語られるべきなのは事実であって、弁護人の説明や評価ではない。この一見当たり前の原則が、案外わが国の法廷では守られていないのである。

　それではどうすべきか。たとえば、カンパの意味について、以下のような質問はどうであろうか。

　　弁護人　仕事がないときには、神林公園に行ってどうするのですか。
　　被告人　公園の中にあるベンチのあたりに集まって、みんなで焼酎を飲んだりしています。
　　弁護人　酒代は誰が出すのですか。
　　被告人　金のある人が出します。
　　弁護人　お金のない人はどうするのですか。
　　被告人　なくても、仲間に入れてもらえます。あるときに出せばいいんです。
　　弁護人　お金を出すことをなんと呼んでいますか。
　　被告人　みんな「カンパ」って言ってます。
　　弁護人　カンパは誰が出すのですか。
　　被告人　お金がある人が出すのです。私も出したことが何度もあります。
　　弁護人　お金がないときはどうなるのですか。

被告人　お金がなければなかったで、お金のある人のカンパで飲ませてもらえます。

　短い端的な質問、しかも事実についての質問を重ねることによって、神林公園におけるカンパの意味をくっきりと浮き彫りにしているといえるであろう。この点は、反対尋問でも述べたことと同じである。主尋問でも、「事実に語らせる」尋問こそが必要なのである。
　ここで、浮かび上がったルールを確認しておこう。

- 尋問（質問）の中で説明をするな。
- 証人自身に語らせよ。
- 評価ではなく、事実を聞け。

証人とケースセオリーを共有しよう！

　再び悪い例に戻ろう。評価の押しつけという以前に、この主質問には根本的な問題がある。被告人が自信を持って答えていないことである。たとえば、冒頭の❶から❷を見れば明らかなとおり、及川は、１つ１つの質問に、言いよどみながら、ためらいがちに答えている。そのような質問と答えが続いた挙げ句、❸や❹では、弁護人は、枕詞として「私が聞きたいのは……」などと言っている。これでは、弁護人側が思ったような答えを、及川から聞き出せていないことを露呈するだけである。このような尋問が事実認定者に与えるマイナスイメージには、深刻なものがあるであろう。また❺では、弁護人の予想外の答えが出てきたため、次の❻の質問で、あわてて弁護人が及川の答えを遮る結果となっている。実際の法廷では、このようなちぐはぐな主尋問も決して少なくない。主尋問を重ねた弁護士であれば、味方のはずの証人が予想外の答えを始めて慌ててしまった苦い経験は、決して一度や二度ではないであろう。
　では、どうしてこのようなちぐはぐな尋問が生じてしまうのか。ひと言で言えば、証人との打ち合わせ不足、コミュニケーション不足である。当然のことながら、主尋問において、事前打合せ・準備ほど重要なことはない。しかし、準備不足だなどと批判するだけでは意味はない。十分な準備をしたつ

もりでも、このようなちぐはぐな尋問は生じうるし、逆に、闇雲に時間をかけて準備したから、それが防げるというものでもない。前章で述べたとおり、そもそも主尋問では誘導尋問ではなく、オープンな質問を駆使すべきである。しかし、オープンな質問は、証人にフリーハンドを与えることになるのであるから、準備不足だと尋問者の予期せぬ方向に答えが進むリスクが生じるのである。要は、そのようなリスクを避けるため、どのような準備をするのか、である。

　このようなちぐはぐな尋問が生じてしまうのは、弁護人（尋問者）と証人（被告人）の間で、尋問に対する共通の認識がないことが原因である。

　それでは、どのような点で共通の認識を持てばよいのであろうか。答えははっきりしている。ケースセオリー[*1]である。その証人尋問で、弁護人が描こうとするケースセオリーを証人（被告人）が理解しているかどうかが、主尋問において、証人から的確な答えを引き出せるかどうかの鍵なのである。オープンな質問に対し、証人に尋問者の期待に沿った答えをしてもらうためには、尋問者の意図をあらかじめ理解しておいてもらうことに尽きる。そして、尋問者の意図はケースセオリーに収斂されるのであるから、尋問者は事前準備において、弁護人のケースセオリーを証人に理解してもらい、共有することこそが最重要の課題となるのである。

リハーサルをしよう

　証人に事前に弁護人の尋問意図を理解してもらうだけでは十分ではない。
　弁護人の側でも、証人の話したいことやその話し方の特徴を事前に把握し、十分に理解しておく必要がある。この点で❺から❻の尋問（質問）には、尋問者が犯しがちな典型的な失敗が隠されている。すなわち、及川は、❺の「あなたたちの世界では、カンパということはよくあるのではないですか」という意図の質問に対し、「神林ではね、みんな、その日暮らしで、金あるやつもいれば、金がないやつもいる……」と話し始めた。これだけを見れば、及川は、弁護人の質問に的外れな答えをしてしまっているかのように見える。実際、及川の答えがそのまま延々と続き、脱線していくことを恐れた弁護人は、❻で「ちょっとちょっと、そのことはまた、後で聞くので先走らないでくださいね……」と及川の供述を遮る羽目となったのである。これでは、裁判

員には、弁護人と及川との間に信頼関係があるようには到底見えないであろう。

　これは弁護人が及川の意図や答え方を十分に理解していないことからきた失敗である。実は及川からすれば、的外れな答えをしているつもりはまったくない。むしろ、自然な答えをしているつもりなのである。つまり、「神林ではね、みんな、その日暮らしで、金あるやつもいれば、金がないやつもいる……」との答えは、「カンパがよくある」という「結論」に対し、先にその「理由」を説明しようとしているのである。

　日本語を母国語とする者に対し、このような答え方を責めることはできない。なぜなら日本語は、英語などとは異なり、「理由」→「結論」の順で物事を叙述し、説明する言語だからである。一定の「結論」を説明するために、それに先立ってその「理由」を説明する、それこそが日本語の特徴である。日本語を母国語とする者は、そのような日本語の特性にその思考そのものを縛られている。つまり、「理由」→「結論」の順に思考し、その順に説明することが自然な流れとなっているのである。しかし、聞く側からすれば、尋問にあたって、「理由」→「結論」の順に聞かされることは辛い。とくにその理由が長々しかったり、その途中で話がそれていってしまうと最悪である。聞く者が欲しているのは、あくまで「結論」である。その結論がなかなか登場しないため、聞く者はいらついてしまい、下手をすると、結論に達したときには証人に反発すら抱いてしまうことになりかねないのである。主尋問では、証人に「理由」→「結論」の順ではなく、「結論」→「理由」の順で説明してもらうべきであり、事前打合せの際に、そのことを証人に徹底しておくべきなのである。

　そのためには、単に「結論→理由の順で述べてください」と言っておくだけでは足りない。なぜなら、先にも述べたとおり、日本語を母国語とする者は、「理由」→「結論」の順で述べることが習慣になっており、ひと言注意を受けたぐらいでは、なかなかその習慣を変えられないからである。

　それではどのような打合せをすべきか。必要なのは、証人自身にそのように述べることの難しさと、その重要性を理解してもらうことである。たとえば、次のように説明することが考えられるだろう。「あなたは、日本語を使っている以上、理由→結論の順で話をすることが癖になっています。尋問では、それをあえて結論→理由の順で話していただきたいのです。決して簡単なことではありません。しかし、そのように話していただかないと、裁判員や裁

判官の方には伝わりにくいのです。もし、裁判員や裁判官に伝わらないと、せっかくのあなたの証言が、裁判に役立たなくなってしまうかもしれません」。

ただし、このような説明だけでも十分ではない。仮に頭で理解できたとしても、法廷の場で実践することは容易ではないからである。それを克服するのは、練習しかない。説明を加えたうえで、尋問のリハーサルを実施し、「結論」→「理由」の順で答えてもらう練習をしておくことは、不可欠である。

主尋問の準備のためのルール

いずれにしても、主尋問では、証人とともに、的確で十分な準備をすることこそがもっとも重要である。そのためのルールを示しておこう。

- 証人と十分な準備をせよ。
- 証人とケースセオリーを共有せよ。
- 証人には「結論」→「理由」の順で話させよ。
- 証人に「結論」→「理由」で話す難しさと重要性を理解させよ。
- リハーサルをせよ。

*1 ケースセオリーの意味については、髙野隆「裁判員裁判と公判弁護技術」自由と正義57巻5号(2006年)73頁、マシュー・ウィルソン(河津博史訳)「効果的な法廷弁護――日本における市民参加型裁判の黎明」同89頁、日本弁護士連合会編『法廷弁護技術』18頁(日本評論社、2007年)、後藤貞人・河津博史「裁判員裁判におけるケース・セオリー」自由と正義第59巻8号(2008年)102頁、日本弁護士連合会編『裁判員裁判における弁護活動――その思想と戦略』(2009年)23頁以下などを参照。

【第17章】構成を考えよう
──わかりやすい主尋問のために

　さらに及川事件の被告人質問を例として、主尋問について考えてみよう。
　場面は、被告人の及川が、共犯者とされた小田から、被害者にカンパしてもらおうと誘われてからの場面である。

失敗例

弁護人	事件当日、小田さんから「あいつからカンパをしてもらおう」と言われて、あなたはどうしましたか。	
被告人	隣にいたおじさんと話しながら焼酎を飲んでいました。	
弁護人	それからどうしましたか。	
被告人	少し遅れて小田さんのところに行きました。	
❶弁護人	あなたが、小田さんたちのほうに行った後どうなったんですか。	
被告人	としさんから2,000円もらったので、焼酎を買いに行ったんです。	
❷弁護人	としさんというのは誰ですか。	
被告人	小田さんのことです。	
❸弁護人	焼酎を買いに行ったのはどこですか。	
被告人	神林公園の近所にある酒店です。	
❹弁護人	何というお店ですか。	
被告人	そこまでは覚えていません。	
❺弁護人	焼酎はいくらでしたか。	
被告人	1,900いくらかだったと思います。	
弁護人	何という焼酎ですか。	
被告人	大二郎です。	

❻弁護人　どのようなお札で払いましたか。
　被告人　2,000円札だったと思います。
❼弁護人　話を少し戻しますが、あなたは小田さんから2,000円を受け取ったということですけど、その2,000円はどうしましたか。
　被告人　それは自分のポケットに入れ、焼酎を買うときは自分が持っていた2,000円札を使いました。
❽弁護人　小田さんから受け取った1,000円札2枚を使わずに、初めから自分で持っていた2,000円札を使ったのはなぜですか。
❾被告人　使い勝手のいい1,000円札のほうを手元に残しておきたかったからですね。
　弁護人　大二郎という焼酎を買ってからどうしたのですか。
　被告人　公園のベンチに戻りました。
　弁護人　戻るとどんな様子でしたか。
　被告人　小田さんと石山さんが何かもめてましたね。

尋問の構成を考えよう！

　この主尋問はどうであろうか。読んでもあまり違和感はなかったかもしれない。実際、この尋問でも、とりあえず及川の言い分は理解できる。
　しかし、そうだとしても、この主尋問には問題が多い。何が問題なのであろうか。
　まず、尋問の流れが悪い。それが典型的に現れるのは、❶以下である。ここは、いよいよ及川が、共犯者小田や被害者石山のところに近づこうとしている場面である。まさに事件の核心に迫ろうとしている。ところが、その直後の❷で、弁護人は「としさんというのは」と聞き、せっかくの場面に水を差してしまったのである。さらに、その直後の❸〜❾では、商店の名前、使ったお札が2,000円札であること、2,000円札を使った理由など、事件にとって本質的とはいえないディテールにこだわった挙げ句、話の流れを完全に止めてしまっているのである。
　そのようなディテールにこだわる反面、小田から2,000円を受け取る直前の小田や被害者の様子やそれについての及川の認識は全く語られていない。これでは、事実認定者に対し、説得力ある主尋問とはいえない。

どうしてこうなってしまったのであろうか。事前に主尋問の構成が十分に練られていないからである。とりあえず順番に聞いていく、という姿勢で主尋問に臨んでしまうと、部分的に細部に深入りしてしまい、このような構成の悪い尋問になりがちである。
　それでは、どのようにすればよかったのであろうか。髙野隆弁護士が提唱される構成が、参考になる[*1]。髙野弁護士によれば、主尋問の構成は、基本的に、①人物紹介、②導入、③舞台設定、④動作という順序で展開すべきだという。②の「導入」とは、証人がそのテーマを語る適任者であることを示すことである。被告人の場合、通常その適任者であることは明らかであるから、この導入は省略できる場合が多い。
　残るのは、①人物紹介と③舞台設定、そして④動作である。このうち、最も重要なのは、いうまでもなく動作（アクション）である。人物紹介も、舞台設定も、アクションを浮かび上がらせるための前提である。アクションの途中に、人物紹介や舞台設定が紛れ込んでしまえば、そのたびにアクションは中断され、その情景を活き活きと描き出すことは不可能になる。
　そこで、④動作の段階に入るまでに、すでに人物紹介や舞台設定は完了しておくべきなのである。こうすれば、動作の途中で細部に深入りする必要はなくなり、話の流れも止めなくて済む。この例でいえば、「としさん」が小田を指すことや、焼酎を買いに行った店の名前などは、すでに説明済みとなるはずである。たとえば、以下のような尋問になるであろう。

構成を意識した例

弁護人	本件で、あなたの共犯者とされている小田さんについてお聞きします。あなたは小田さんのことを普段、何と呼んでいたんですか。
被告人	としさんです。
弁護人	あなたは小田さんといつ知り合ったのですか。
被告人	3年くらい前です。
弁護人	小田さんは、どのような性格の人ですか。
被告人	しっかり者で、神林のリーダーですね。
弁護人	事件の現場である神林公園についてお聞きします。あなたたちは公園のどこにいましたか。

【第17章】構成を考えよう——わかりやすい主尋問のために

被告人	公園の中央に大きな鉄柱を囲んでベンチがあります。そのベンチから数メートル離れて3つほどベンチが並んでいるのですが、そのベンチの辺りです。
弁護人	及川さんの供述を明確にするため、実況見分調書添付見取図3号の拡大図を用意しています。この拡大図を利用して、質問をしたいと思いますので、許可を求めます。なお、拡大図については、検察官に事前に確認をしていただいています[*2]。
裁判長	検察官、ご意見は。
検察官	異議はありません。
裁判長	許可します。
弁護人	拡大図を及川さんに示します。これが何か説明してください。
被告人	神林公園の見取図です。
弁護人	なぜそう言えますか。
被告人	神林公園のことはよく知っていますし、この図面は取調べのときも何度も見せられました。
弁護人	この図の中で、あなたがいた場所を教えてください。
被告人	この図でいうと中央の鉄柱の右側に数メートル離れたところに3つ丸いベンチが描かれていますが、そのベンチのところです。
弁護人	その中であなたがいたのはどこですか。この図面で示してください。
被告人	（指差しながら）ここです。
弁護人	そこに、私1と書き込んでください。
被告人	（書き込む）
弁護人	小田さんがいたのはどこですか。この図面で示してください。
被告人	（指差しながら）ここです。
弁護人	そこに、小田1と書き込んでください。
被告人	（書き込む）
弁護人	では、事件のことについて聞いていきます……。

ここで以下のルールの提示が可能となるであろう。

・**尋問の流れ（構成）を考えよ。**

・ディテールで流れを止めるな。
・構成は、人物紹介、導入、舞台設定、動作の順で。

*1　髙野隆「主尋問」日本弁護士連合会編『法廷弁護技術』(日本評論社、2007年) 120頁。
*2　証人尋問での図面等の利用の手順について、髙野隆「証人尋問における書面や物の利用」日本弁護士連合会編・前掲*1書197頁。

【第18章】図面等の利用
──ビジュアルエイドを使え！

　前章では、主尋問の構成方法について述べたが、その例として図面を利用した主尋問を示した。
　「百聞は一見に如かず」というが、効果的な立証をするためには、図面などの視覚資料（ビジュアルエイド）の活用が重要である。とくに公判の立証で心証をとるべき裁判員裁判では、法廷において、効果的な視覚資料の利用が不可欠と言える。刑訴規則199条の12も「訴訟関係人は、証人の供述を明確にするため必要があるときは、裁判長の許可を受けて、図面、写真、模型、装置等を利用して尋問することができる」と定め、図面等の利用を認めている。
　ここでは、前章の尋問例を用いて、刑訴規則199条の12が定める尋問における図面等の利用方法を確認しておこう（例は、被告人質問であるが、以下では証人尋問と同視して述べることとする）。
　前章の尋問例を再録すると以下のとおりである。

❶弁護人　事件の現場である神林公園についてお聞きます。あなたたちは公園のどこにいましたか。
　被告人　公園の中央に大きな鉄柱を囲んでベンチがあります。そのベンチから数メートル離れて3つほどベンチが並んでいるのですが、そのベンチの辺りです。
❷弁護人　及川さんの供述を明確にするため、実況見分調書添付見取図3号の拡大図を用意しています。この拡大図を利用して、質問をしたいと思いますので、許可を求めます。なお、拡大図については、検察官に事前に確認をしていただいています。
❸裁判長　検察官、ご意見は。

❹検察官　異議はありません。
❺裁判長　許可します。
❻弁護人　拡大図を及川さんに示します。これが何か説明してください。
　被告人　神林公園の見取り図です。
❼弁護人　なぜそう言えますか。
　被告人　神林公園のことはよく知っていますし、この図面は取調べのときも何度も見せられました。
❽弁護人　この図の中で、あなたがいた場所を教えてください。
　被告人　この図でいうと中央の鉄柱の右側に数メートル離れたところに3つ丸いベンチが描かれていますが、そのベンチのところです。
❾弁護人　その中であなたがいたのはどこですか。この図面で示してください。
　被告人　（指差しながら）ここです。
❿弁護人　そこに、私1と書き込んでください。
　被告人　（書き込む）

❶は、図面を利用する前提としての証人の供述を述べさせる質問である。図面を利用すると言っても、図面を用いて誘導するのではない。あくまで図面を利用して、供述を明確にするのである。この質問がないままにいきなり図面を示すのは違法な誘導であって、許されない。

❷〜❺は、刑訴規則199条の12に定める手順である。図面を利用する場合には、裁判長の許可が必要である。刑訴規則199条の12第2項は、同199条の10第2項が準用されているから、その許可の前提として、「書面……が証拠調を終つたものでないときは、あらかじめ、相手方にこれを閲覧する機会を与えなければならない」。この尋問例で言えば、取調べを終えた証拠そのものではなく、その拡大図面を利用するというのであるから（裁判員裁判では、裁判官及び裁判員全員に一見してわかるように、適宜拡大図面を活用すべきである）、弁護人は、あらかじめ検察官に対し利用する図面を示し、質問に利用することを伝えておくべきである。裁判長は、検察官にそれらの点を確認したうえで（❸〜❹）、許可を与えることになる（❺）。なお、逆に検察官が弁護人に対し、尋問で書面を利用することについての同意を求めてきた場合には、当該図面の正確性や不要な説明の記載など、証人に不当な影響を及ぼす

【第18章】図面等の利用――ビジュアルエイドを使え！

内容が含まれていないかどうかをチェックして、意見を述べることになる。

　なお、このような図面の利用に対し、不勉強な検察官は、「証拠になっていないものを示すことには異議がある」などと主張することがある。しかし、刑訴規則199条の10第2項が「書面……が証拠調を終つたものでないとき」と規定していることからも明らかなとおり、利用するものは、採用された証拠には限られない。このような異議が述べられた場合には、条文の構造を指摘して、検察官の誤りを正さなければならない。

　❻および❼の質問は、証人が示された図面について正確な理解をしていることを確認するための質問である。実際の尋問では、つい省略したり、「これは神林公園の見取り図ですね」などと、尋問者が誘導してしまいがちである。しかし、この質問がなければ、そもそも見取り図を証人に示す根拠がないのであって、省略や誘導は許されない。

　❽および❾は、図面を利用して、証人の証言を明確にする手順である。ここでも図面を用いて誘導してはならない。あくまで証人自身に図面を利用して説明をさせるのである。

　❿は、証人の証言内容を記録として残すための手順である。このようにして記録された証言内容は、刑訴規則49条に基づき、公判調書への添付を求めることになる。

　尋問で、図面等を利用するルールをまとめておこう。

- 刑訴規則199条の12に習熟せよ。
- 裁判長の許可を得よ。
- 検察官にあらかじめ閲覧させよ。
- 図面で誘導するな。
- 証人自身に説明させよ。
- 記録に残せ。
- 調書への添付を求めよ。

【第19章】
反対尋問に備えろ！
──崩れない主尋問のために

　引き続き及川事件の被告人質問を例に、主尋問について考えてみよう。
　場面は、及川が、焼酎を買って神林公園に戻ったところである。以下のような主質問がなされたとする。

　弁護人　あなたが焼酎を買って神林公園に戻ったら、どうなっていましたか。
　被告人　小田さんと石山さんがもめていました。
　弁護人　どのようにもめていたのですか。
　被告人　石山さんが「金を返せ」と言って、としさんが「何言ってんだ」と言い返していました。
　弁護人　としさんが言い返しているのを見て、あなたはどうしましたか。
　被告人　「ここは神林だぞ」といいましたね。
　弁護人　どうして、そのように言ったのですか。
　被告人　実際そこが神林だったからです。
　弁護人　それを言った後、あなたはどうしたのですか。
　被告人　石山さんを軽く押しました。
　弁護人　なぜ押したのですか。
　被告人　ここは神林であることを、教えてやろうと思ったのです。

　この主質問には、根本的な問題が隠されているのである。それは、以下の検察官の反対質問を見ればわかるであろう。

　検察官　あなたが、石山さんに言った言葉をもう一度、正確に言ってみて

	ください。
被告人	「神林だぞ」だったと思います。
検察官	「神林だぞ」と言ったのは、石山さんにそこが神林だと教えるためなのですね。
被告人	そうです。
検察官	それだけですか。
被告人	そうですね。
検察官	石山さんは、この公園のことを神林公園であることは知っていますね。
被告人	そうでしょうね。
検察官	あなたが、神林公園であることを教えてあげる必要はありませんね。
被告人	……。
検察官	石山さんに言ったのは、「神林だぞ」だけですか。
被告人	もう少し、何か言ったかもしれません。
検察官	あなたは、捜査段階でそのときの言葉を思い出して供述していませんか。
被告人	言ったような気がします。
検察官	「何を言っているんだ、このやろう。ここは神林だぞ」ではなかったですか。
被告人	そうでしたね。
検察官	あなたは、「何を言ってるんだ、このやろう」と言ったのですね。
被告人	……はい。
検察官	その言葉のすぐ後に、石山さんを押したのですね。
被告人	そんなに強くではありませんが……。
検察官	押したのですね。
被告人	……はい。

　おわかりであろうか。主尋問の最大の問題は、反対尋問で崩れるか否かである。どんなにすばらしい主尋問をしても、その内容が反対尋問で崩されてしまっては、元も子もない。
　では、反対尋問で崩されないためには、どうすればよいか。それは、本書で

述べてきた反対尋問技術の応用である。主尋問の証言が反対尋問で崩れるのは、その証言が客観的証拠や状況と矛盾しているか、自己矛盾しているかである。そうである以上、証人テストの際には、その供述内容が、客観的証拠や状況と矛盾していないか、あるいは自己矛盾していないかを徹底的に検証しておくべきことになる。では、具体的にその検証はどうすればよいか。答えは明確である。あらかじめ証人テストの中で、徹底した「反対尋問」をしておくのである。

　この検証に際して、意識しておくべきなのが、「防御ラインを上げすぎていないか」という視点である。とくに無罪を訴える被告人は、ついつい防御ラインを上げがちである。しかし、防御ラインを上げてしまうと、かえって防御ラインの突破は容易となり、楽々とその弾劾をされてしまうものなのである。

　この尋問例で言えば、及川が、被害者に対し「ここは神林だぞ」と言いながら、少なくとも小突いたことは争いのない事実である。ところが、そのような行動をしながら、「『神林だぞ』と言ったのは、そこが神林公園であることを教えるためだっただけだ」という弁解は、やはり防御ラインが上がりすぎで、不合理であろう。また、捜査段階の供述とも自己矛盾している。検察官の反対尋問は、そこを突いたのである。被告人の立場に置かれると、往々にしてこのような弁解をしがちである。そして、このような不合理な部分が少しでもあると、「被告人の弁解は全体として信用できない」という認定になりがちなのである。

　以下のような主質問であれば、反対質問で容易に崩れることはなかったであろう。

弁護人　あなたは何と言いましたか。
被告人　「何を言っているんだ、このやろう。ここは神林だぞ」と言ってしまいました。
弁護人　どうして、そんなことを言ったのですか。
被告人　カンパを出し合うのは、神林のルールでした。そのことを石山さんにもわかってもらいたかったんです。
弁護人　どのような気持ちだったのですか。
被告人　正直、カンパなのに返せと言われたことに腹立たしい気持ちは

あったと思います。

主尋問のための重要なルールを追加しておこう。

・反対尋問に備えよ。
・証人テストで反対尋問をせよ。
・防御ラインを上げすぎるな。

コラム 主尋問は「心と心」である

「技術か心か」という択一論の誤り

　このコラムの筆者（小坂井）は、数年以上前から、「主尋問（主質問）は『心と心』である」と多くの弁護士仲間に述べてきた。

　もちろん私は「尋問は技術ではなく、心でするものである」などと心霊学者（?!）のようなことを述べたことはない。

　かつて、ソ連共産党員の医者に診てもらってはいけないというブラックジョークがあったように記憶するが、イデオロギー（心）のみがあって、技術のない医師が最悪というべきことは昔も今も変わらない。それは弁護士でも同じことである。どんな考えを持っていようが、どんな人格であろうが、ともあれ、「職人」としての力量のみが問題となろう。ただ、弁護士の場合は、医師と異なり、物的（身体的）なサーヴィスではなくて、人間的（心的）なサーヴィスであるという点で違いがないわけではない[*1]。

　尋問は、もとより、徹頭徹尾、技術だというべきである。しかし、そこにメンタルな要素が色濃く含まれてくることも、また否定のしようはない。あるいは、反対尋問は、場合によっては、技術のみに純化しうるかもしれないが、主尋問は必ずしもそうでないと言うべきであるかもしれない。うまく表現できないが、たとえば、「知・情・意」のうち、反対尋問では「知」が優るが、主尋問では「情」が優ることもあると評すべきであろうか。

　私は、本音として、「主尋問より反対尋問のほうが難しい」という「通説」を必ずしも信じてはいない。かねてから修習生や新人弁護士の方々に言ってきたことなのだが、「当事者法曹（弁護士、検察官）の力量は主尋問を聞けば、だいたいわかる」と思ってきた。今も、その考えは基本的に変わっていない。まず単純な話、その事件に取り組む姿勢が主尋問では明確に表れてくる。次いで、主尋問は、事件の「球（たま）と筋」について、それを、その当事者法曹が、どう捉えているかをも、かなりはっきりと見せてくれるものである。有能な当事者法曹による有効な主尋問に対し、反対尋問に立つときの緊張感（隙がない、いったい何をどう訊けばいいのか、「反対尋問はない」ときっぱり言うべきだろうか、といった想い）は誰もが味わったことがあるのではないか。

逆に、反対尋問を始める段階で、その成功を確信して、尋問を開始し、そのとおり成功を収めたという経験も皆が持っているのではないだろうか（もっとも、主尋問のなかに落とし穴を用意している技巧派もいないわけではないので、注意が必要である）。

　私が「心と心」というのは、相互のコミュニケーション過程が十分なものになっていることが必要不可欠だという意味である。双方に情報が共有され、十分な行き来があって、その質と量が一定以上のものになっていれば、主尋問が成功する確率は高くなる[*2]。また、反対尋問への対応も、その情報交換・共有の過程で、自ずと形成されることになる。さらに再主尋問にも臨機応変に対応できるようになるだろう。その逆の場合、成功率が低くなるのも当然の理であろう。

　私が模擬裁判で担当した山本純子ケースを通じて、自分の主尋問（主質問）についての考え方を整理しておきたい。

山本純子ケースの概要と争点

　山本純子ケースでは何がどう問題となったのだろうか。周知のとおり、本事案は、被告人（山本純子・32歳。以下、被告人という）が、深夜、自宅において、かねて交際中であった既婚男性（池田吾郎・53歳。以下、池田という）を刃体の長さ約15.5センチメートルの包丁で背部・右前胸部と2度刺し、死亡させたという殺人被告事件である。最大の争点は、正当防衛の成否であった。

　被告人は、事件の4年位前から池田と、いわゆる愛人関係にあったものであり、毎月数十万円ないし100万円程度の金員を受け取るなどし、その金員をバカラ賭博に費消するといった生活をしていた。その一方で、被告人には、結婚を念頭に置いて交際している男性もいた。この状況・経緯を見るかぎり、早い話が、わが依頼者は悪女の典型のような女性であったわけである。

　もっとも、他方、被告人は、かねてより池田から継続的な暴行を受けており、事件当日も池田から1時間にも及ばんとする執拗な暴行を受けていた。被告人は「かような暴行に対応する反撃行為として」、池田を2度刺し、肝損傷による失血のため池田を死に至らしめたのであった。

　弁護人らは、被告人による当該2度の刺突行為のいずれについても、池田

による被告人の生命・身体への「急迫不正の侵害」に対する「相当な反撃行為」であるとして、正当防衛の成立を主張した。また、殺意の存在についても争い、さらに、被告人の供述調書の任意性も争うことになっている[*3]。

池田はすでに死亡しており、「急迫不正の侵害」の存否・防衛行為の相当性如何・殺意如何は、被告人が池田を刺す場面を被告人がどう供述するかにかかっているところがあった。本件で被告人に対する主質問が最大の問題であった所以である。

「球」と「筋」をめぐって

山本純子は悪女の典型ともいうべき女性である。要するに、「球（たま）」はお世辞にも良いとはいえない。裁判員の眼が、その悪女というところに焦点化されたならば、およそ依頼者のためになる展開にはならない事案である。実際のところ、依頼者がそのような悪女であることは本件自体に何処まで関連性を有しているのかは疑わしいというべきであった。本件の本来の「筋」を示さなければならない。

「球」の悪さを払拭するには、池田の執拗な暴行にフォーカスを当てる必要があった。そのために、弁護人らは、池田の前科調書によって、その数多くの傷害前科を明らかにするという立証も行なった[*4]。そのDV行為がいかに非人間的で許しがたいものであるか、それが本件の本来の「筋」というべきものである。

さて、そこで、「心と心」である。当日と当日までの池田の執拗な暴行を被告人自身にリアルに語ってもらわなければならない。池田の暴行にフォーカスが当たるようにすることが必要であった。事件当日においては、その果てに台所の隅に被告人は追い詰められ、そこで頬に菜箸を突きつけられ、「眼の玉をくり抜くこともできるんだぞ。ぶっ殺してやる」と告げられたのである[*5]。被告人には、逃げ場など全くなく、自らの身を守るものとしては、眼前に存在していた包丁以外のなにものもなかった。

そういった被告人の当時の恐怖感・切迫感をリアルに再現することが何より重要だと思われた。それで、それに至る状況と本件行為そのものについて、メリハリをつけ流れを途切らせないように注意しながら、ひととおり言葉で述べてもらった。そして、そのあと、重要場面については、これを身振り手振

りであらためて示してもらい、印象づけを図りながら、その状況を録画することとした（それを評議において再生するという方法が採られていたが、これは、裁判員にも好評だったと思う）。

主尋問（主質問）では、供述者に出来るだけスポットをあて、発問者（弁護人）は、事実認定者の視界から消え、黒子の如き立場に立つべきとの見解があるようである[*6]。しかし、発問者の姿を法廷から消すことは出来ない。それゆえ、むしろ双方のコミュニケーション過程をそのまま判断者に聞かせるという意識でもよいように私は思っている。事案によりけりとはいえ、「心と心」の過程をそのまま示すべきケースは、案外多いのではないだろうか。

いずれにせよ、私は、裁判官裁判と裁判員裁判で尋問方法に基本的に差異があるとは考えていない。なによりも、具体的事実を訊き出すこと、複合的質問をせず一問一答になるよう努めるべきことなどは、どんな裁判制度のもとでも尋問の基本であろう。ただ、裁判員裁判では、言葉遣いは、可能なかぎり平易にするように心がける必要はある。また、尋問（質問）の問答過程が、どう調書化されるかといったことについてはもはや意を払う必要はないが（つまり、書記官にどう聞き取らせるかを意識する必要はないが）、なるべく「滑舌」よくはっきりと声を出して話す習慣が必要であろう[*7]。

結果と感想など

第1行為については、被告人は台所の隅の場所に在って逃げ場がなく、その眼前に存在した包丁以外には同人を守るものが何もなかったとの点を裁判員の方々にも印象づけることができたと思う。その結果、正当防衛の成立が認められた（殺意も否定された）。

しかし、第2行為については、未必の故意（弱い殺意）があったとの認定であり、なお急迫不正の侵害は継続していたものの、防衛行為としての相当性に欠ける、すなわち、過剰防衛であるとの結論が意外にあっさりと下されてしまった。検察官の求刑は懲役12年で、懲役3年6月の判決が言渡されたのである。

第2行為についての評議は、必ずしも十分な時間をとってなされたとは思われないところがある。しかし同時に、確かに第2行為については、模擬裁判ルールの壁もあって、最後までブラックボックスの部分があり、詰め切れ

ていない領域があったことを否定できない。弁護人らとして詰めえなかったところにおいて、つまり、「心と心」が通じなかった部分において、有罪認定に至ってしまったという感想をもっている。

本模擬裁判の収穫のひとつとして正当防衛についての立証責任を明確にしての評議がなされていたことが挙げられると思われる[*8]。しかし、その立証責任論に拠っても、「心と心」の過程を裁判員の方々に伝えることを全うし弁護人の意見に納得してもらうということを果たしえなかったのであった。非力である。

とまれ、裁判員裁判にあっては、評議室に如何なる「情報」をどのように持ち込ませるかが決定的に重要なように思われる。換言すれば、公判段階、あるいは、さらには公判前整理段階から、評議そのものを何処までリアルに具体的にイメージ・想定できるかが問われるのではないだろうか。そのとき、主尋問（主質問）における「心と心」が裁判員の「心」にも届くことができたならば――と考えるとすれば、あまりの精神論のように聞こえるだろうか。

[*1] もっとも、医師でも、心療内科・神経科などは、もちろん物的サーヴィスのみにとどまらず、心的サーヴィスを提供する。また、医療サーヴィスにおける他の診療においても、近時、一層心的要素が重視される傾向にあるとはいえるように思われる。

[*2] したがって、多くの論者が指摘していることだが、問答を記載した「尋問シナリオ」などは交付するべきではない。それは、主尋問の活力を喪失させてしまうだろう。

[*3] 本模擬裁判の経験報告として、小坂井久『『難解な』法解釈と裁判員裁判――正当防衛に関する模擬裁判を通して――弁護人の立場から』刑事法ジャーナル10号（2008年）82頁参照。

[*4] この弁護側立証については検察官は、「関連性を欠く」と通常とは攻守ところを変える主張を行なった。しかし、弁護側からのかような立証は何ら問題のない旨の意見を述べ、裁判所も、この立証を認めた。

[*5] もっとも、前注のごとき立証が裁判員にとって有効であったかどうかは必ずしも何ともいえないところもある。というのは、評議の場で、池田の数ある傷害前科を見て、「この男は人を死に至らしめるような暴行には及ばない術を身につけていることがわかる」との意見を述べられた裁判員の方がおられたからである。彼は、はっきりとは言われなかったが、本件は過剰「誤想」防衛以外ではないと言われたいようであった。良かれ悪しかれ、裁判員裁判では、思わぬ「経験則」も登場するものと考えておかねばならない。

[*6] 日本弁護士連合会編『法廷弁護技術』（日本評論社、2007年）128頁。

[*7] 近時よく使われる言葉だが、「滑舌」の語は、ほとんどの辞書には未だ載っていないようである。

[*8] この点に言及するものとして、大出良知・四宮啓・豊崎七絵・中川孝博・森下弘・髙田昭正「座談会・刑事訴訟法の現在と課題――事実認定の過程と主体論」法律時報79巻12号（2007年）11頁以下の森下弘発言参照。

異議編

【第20章】
意義ある異議!の出し方(1)
──誘導に対する異議

不活発な異議──従前の実務

　これまで証人尋問に関する異議について書かれた実務書は数えるほどしかない[*1]。書物が少ないだけでなく、修習、研修で異議を取り上げることもほとんどないのではなかろうか。のみならず、実際にわが国の法廷で行われている証人尋問を見ると、弁護人、検察官の双方ともに異議の応酬があまり見られない。このような事態は、刑事事件において証人尋問が持つ本来の重要性を考えると、信じられないほどである。

　とはいっても、そもそもわが国には、異議の前提となる証人尋問そのものについての確かな理論と技術の研究がごく少数しかなかった。証人尋問についての研究と技術研鑽が不活発であるのだから、証人尋問を前提とする異議の研究や実践が不活発なこともやむをえないところがある。振り返ってみるとよい。われわれは大学で尋問の理論と技術を学ばなかった。実務を学ぶはずの司法研修所でも、それらを学ぶことはなかった。習うより慣れろ、とでもいうように、弁護士になってから、各自が見よう見まねで尋問をして異議を申し立ててきたのである。

　検察実務では、もともと公判立会いが重視されてこなかった。捜査とその過程で作成される調書が重視されてきた。それは、捜査段階でしっかりした検察官調書さえ作成しておれば、たとえ供述者が法廷でそれを覆しても、優に有罪にするだけの立証を維持できるからである。検察官は公判廷で検察官調書の記載を再現しさえすればよかった。仮に再現できなくとも、刑訴法321条1項2号後段書面を採用させる技術だけを習得しておけば足りた。そのため、検察官が必要に迫られて異議の研究をすることはなかったのであ

異議編

る。

　裁判官も当事者の異議申立てが不活発な結果、異議の研究を重ね、実務の場で異議に対する研ぎ澄ました判断を求められる場面は多くない。その結果、裁判所も尋問と異議について深く考える機会がない。異議を研究し、実際に異議が出された場合に的確に判断する裁判官はもちろん存在する。しかし、裁判官は異議に関する判断を適切にしているのだろうか、と疑問を感じることも多い。

　このように、弁護士を含め三者とも異議の申立てについて研究も研鑽もしてこなかったのは、実際の法廷では異議があまり重要な役割を果たしてこなかったことの反映でもある。そのようになった背景にはさまざまな事情が考えられる。

　たとえば、証人尋問の際に検察官の尋問に対して「誘導」との異議を申し立て、その異議が理由ありと認められ、証人が検察官の意図するような明確な証言ができないとしよう。異議は成果をあげたことになる。ところが、その成果も、刑訴法321条1項2号後段によってその証人の検察官調書が採用されると、ほとんど意味を持たなくなってしまう。これは一例であるが、刑事裁判のありようが異議の不活発を招いてきたことは間違いがない。

裁判員裁判における異議の重要性——これからの実務

　しかし、裁判員裁判では様相は一変する。調書裁判ではなく、法廷において直接そして口頭で証人尋問がなされ、裁判員や裁判官はそこから心証をとることが主になる。証人尋問の重要性はあらためて見直されるだろう。

　裁判所が「争点の明確化」や「迅速」を言う前に、有罪を獲得しなければならない検察官は、検察庁をあげて、効果的な立証を目指すであろうことは確実である。単に検察官調書をなぞるだけの尋問とは違った、要領のよい、ビジュアルな尋問をする検察官が多くなりつつある。

　ただし、どのような検察官でも、証人を自由に操ることはできない。そこで、優秀な検察官でも、あるいは優秀な検察官であればこそというべきかもしれないが、主尋問にうまく誘導尋問を忍び込ませたりすることが当然起こる。証人尋問の重要性が増すのであるから、本来阻止すべき尋問を見逃した場合のダメージは従来の裁判の比ではない。調書から証人尋問への重点の移

行に伴って、異議の重要性も増大することは確実である。われわれは、従来にも増して、異議についての研究と実践を重ねる必要がある。

異議の種類はいくつもある。そのすべてを学ぶことは当然必要である。しかし、その中でわれわれ弁護人がまず習得すべき異議を1つだけ挙げるとすると、それは誘導尋問に対する異議（刑訴規則199条の3第3項）である。誘導尋問に対する異議を適切に申し立てることができさえすれば、異議申立ては70パーセント用が足りている、といっても過言ではない。

検察官が起訴状記載の訴因の立証責任を負うことから当然ではあるが、実務でわれわれが経験する証人尋問のほとんどは、検察官が請求し、主尋問をする。その中で最もよく出現するのは誘導尋問である。また、主尋問における誘導尋問は、ほとんどの場合、尋問者が意図した証言を証人からなかなか得られない場合、つまり検察官の尋問がその目的を達しがたいときに行われる。これを、そのまま検察官の誘導のままに任せると、検察官は当初の目的どおりの証言を手に入れることになる。

このように、誘導尋問に対する異議は、申し立てる機会の最も多い異議であるだけでなく、しばしば内容的にも極めて重要である。したがって、異議についての研究と実践は、まず、誘導尋問に対する異議から始めるのがよいであろう。

誘導に対する異議の実例

それでは、具体的事例を素材に誘導尋問に対する異議について考えてみよう。第1章で「消えたバッグ」として取り上げた窃盗事件である。事案の概要を再度確認すれば、次のとおりである。

被告人は、テレクラで知り合った被害者を相手に買春をする。その買春の後、車でホテルを出たところで、被告人は被害者に自動販売機でジュースを買ってきてくれと頼んだ。そして、彼女が車を出て、自動販売機までジュースを買いに行っている隙に、買春代を支払わないまま、車を発進させて彼女を置き去りにしたのである。置き去りにされた被害者は、車の中に置いていたバッグを被告人に持ち逃げされたとして、警察に窃盗の被害届を出した。

逮捕された被告人は、彼女が車の中にバッグを置いていたことは認めたが、「車を発進させるときに、バッグを車の窓から外へ捨てた。だから自分は

盗んでいない」と否認したのである。
　これに対し被害者は、検察官調書において、次のように述べている（下線は筆者による。以下同様）。

　　私は、自動販売機の前から北方面に向け約50メートル、被告人の車を追いかけたあと、自動販売機のほうに引き返しました。被告人が戻ってくるのではないかと待っていたのですが、その間<u>自動販売機前付近の車道に出て行って</u>、被告人が私の手提げバッグを路上に投げ捨てていないかと思い、バッグを探しましたが、私のバッグは見つかりませんでした。
　　私は、車道や歩道を注意して、私の手提げバッグが投げ捨てられていないか5分くらい探しましたが、見つかりませんでした。
　　もちろん、被告人の車が停まっていたところ近くは、見落としのないよう丁寧に探しましたが、私のバッグはありませんでした。

　このため公判では、被告人が車を発進した際にバッグを窓から投げ捨てたかどうか、その反面として、バッグを丁寧に探したという被害者供述の信用性が最大の争点となった。

よくある尋問例

　まず、法廷でよく見受けられる尋問を見てみよう。被害者が自動販売機でジュースを買っているすきに、被告人が車で走り去ってしまい、被害者が50メートルほど追いかけたと供述した場面である。

❶検察官　車を見失った後、君はどうしましたか。
　証　　人　バッグが落ちていないかなと思いまして、あたりを探しました。
❷検察官　その探した状況を詳しく説明してもらいたいのですが、どういうふうに探したんですか。
　証　　人　どういうふうに……。
❸検察官　探し始めたのは、どの地点からですか。
　証　　人　50メートル先まで行ってますから、そこらあたりから、ずうっとその自動販売機のほうに帰ってきながら。

【第20章】意義ある異議！の出し方(1)——誘導に対する異議　　215

❹検察官　自動販売機のほうへ君は戻ろうとするわけですね。
　証　人　はい。
❺検察官　戻る途中、探しながら戻ったと、こういうことですか。
　証　人　はい。
❻検察官　この間、もちろん車道もあれば、もちろん歩道もあるんですが、君が探したのはどのあたりですか。
　証　人　……車道も歩道も。
❼検察官　車道も歩道も全部。
　証　人　はい。
❽検察官　バッグはなかったの。
　証　人　はい、ありませんでした。
❾検察官　それじゃあ、自動販売機の付近では、車道のほうにも出て探したのかな。
　証　人　はい。
❿検察官　それでも、どこにもバッグが見つからなかったということですか。
　証　人　はい。

　この尋問に異和感を感じられたであろうか。あまり感じられなかった読者も多いのではないだろうか。実際、わが国の法廷ではこのような尋問がよく行われているのではないかと思われる。しかし、この尋問はあきらかにおかしい。主尋問であるにもかかわらず、❹、❺、❼、❽、❾、❿とほぼ立て続けに誘導尋問が用いられている。❻も「どのあたりですか」というのは誘導ではないが、「もちろん車道もあれば、もちろん歩道もあるんですが」などという示唆があり、実質的には誘導尋問である。しかもこれは、被害者がバッグを探したという最も重要な場面である。最重要場面の主尋問がいわば誘導尋問ばかりで組み立てられているのである。その結果、被害者が周辺をくまなく探したかのような証言が引き出されてしまっている。とくに、被告人がバッグを投げ捨てたと弁解する自動販売機付近では、被害者は車道にまで「出て」探したが、バッグは見つからなかったことになってしまった。

　このような事態を避けるために、弁護人はすかさず誘導尋問に対する異議を申し立てなければならなかったはずである。

実際に行われた尋問

　実は上記の例は、実際の尋問とは異なる。実際に行われた尋問では、弁護人が異議を申し立てているのである。実際に行われた尋問を見てみよう。❾のところである。

❾検察官　それじゃあ、自動販売機の付近では、車道のほうにも<u>出て</u>探したのかな。
⓫弁護人　異議があります。誘導です。
　検察官　確認です。「車道まで探した」とすでに証言されています。
　弁護人　「車道まで出た」とは言っていないと思います。
⓬裁判長　正確に聞いてください。聞き方を変えてください。
⓭検察官　自動販売機のところでは、君、車道も探したと証言しましたね。
　証　人　はい。
⓮検察官　ということは、自動販売機のところでは、車道まで<u>出て</u>探したんじゃないの。
　証　人　自動販売機のほうは、両方ちゃんと見ました。
⓯裁判長　見たのはいいんだけれども、車道のほうに<u>出ていって</u>探したかどうかということを聞いている。
　証　人　車道のほうまで出ました。

　いかがであろうか。弁護人は、検察官の誘導尋問に対し異議を述べた（⓫）。確かにそれ以前に被害者は、「自動販売機の付近で車道に<u>出て</u>探した」とは証言していない。的確な異議である。これに対し、裁判長も「聞き方を変えてください」と異議を認めている（⓬）。

　しかし問題なのは、この異議の後の尋問である。直後の⓭および⓮を見てほしい。この検察官の尋問は、いずれも誘導尋問である。結局、異議を出された尋問と同じことを聞いている。もっとも被害者はその誘導には乗っていない。「車道まで<u>出て</u>探したんじゃないの」という問いに対し、「自動販売機のほうは、両方ちゃんと見ました」と述べるにとどまったのである。被害者は、車道に「出た」との証言を避けているようでもある。ここで尋問が終われば

【第20章】意義ある異議！の出し方(1)――誘導に対する異議

よかった。弁護人の異議も功を奏したといえるであろう。ところがここで裁判官が、「見たのはいいんだけれども、車道のほうに出ていって探したかどうか」と介入尋問をしてしまったのである（⓯）。この尋問は、「はい」または「いいえ」で答えを求めるものではないが、「出たか、出ていないか」という二者択一を迫る誘導尋問である。裁判官にこのような二者択一を迫られれば、嘘でも「出た」と答えてしまう証人は多いであろう。結局、この介入尋問により、被害者は「自動販売機の付近で車道に出て探した」ことになってしまったのである。認容されたはずの弁護人の異議はまったく意味がなくなってしまった。

　どうしてこんなことになってしまったのであろうか。裁判長が異議の意味を的確に理解せず、訴訟指揮が適切になされていなかったことが理由である。確かに裁判長は、異議を認めている。しかし、弁護人の異議理由は、「誘導」である（⓫）。これに対し、本来異議を認める以上、誘導してはならないとの決定をすべきであった。ところが裁判長が異議を認めた理由は「（正確な聞き方ではないから）正確に聞いてください」（⓬）というものであり、誘導尋問そのものは許容してしまっているのである。それに乗じて、検察官は、「自動販売機のところでは、車道まで出て探したんじゃないの」などと、再び誘導尋問を行っている（⓮）。これに対し被害者が「出た」かどうかを明確に答えなかったところ、業を煮やした裁判長自ら「出ていって探したかどうか」と誘導尋問をしてしまったのである。結局、裁判長が異議の真の意味を理解せず、的確な訴訟指揮をしなかったうえ、弁護人もその後の誘導尋問に対応しなかったため、異議が流れてしまったのである。わが国の法廷では異議が不活発で、裁判官が日頃その訴訟指揮に慣れていなかったことがその一因といえよう。ちなみに、日本の裁判官は自ら露骨な誘導尋問をすることが多い。これは尋問方法について適切な訓練を受けていないからであろう[*2]。

正しい異議と訴訟指揮

　では、本来この場面では、どのような異議が述べられ、どのように訴訟指揮されるべきだったのだろうか。仮想例で考えてみよう。実は、この尋問例は❹以降誘導尋問が続いているので、もっと早い段階から異議を述べる余地があった。しかし、実際例との対比上、❾以降についてシミュレーションを

してみよう。

❾検察官　それじゃあ、自動販売機の付近では、車道のほうにも出て探したのかな。
⓫弁護人　異議があります。誘導尋問です。
⓬検察官　確認です。「車道まで探した」とすでに証言されています。
　弁護人　いえ、証人は一度も「車道まで出た」とは言っていません。
⓰裁判長　誘導尋問にあたりますので、異議を認めます。質問の仕方を変えてください。
⓱検察官　自動販売機のところでは、君、車道も探したと証言しましたね。
⓲弁護人　異議があります。証人は車道を探した場所について「自動販売機のところで車道を探した」とは述べていません。誤導尋問です。
　検察官　自動販売機に戻る途中、車道も歩道も全部探したと証言していますが……。
⓳裁判長　戻る途中と述べたようですが、「自動販売機のところで」と特定して述べたわけではありませんね。異議を認めますので、質問を変えてください。
　検察官　先ほど、自動販売機に戻る途中に歩道と車道を探したと証言されましたね。
　証　人　はい。
⓴検察官　自動販売機の付近に戻ってどうしましたか。
　証　人　……バッグを探しました。
㉑検察官　どこを探しましたか。
　証　人　歩道と車道を探しました。
㉒検察官　車道はどのような方法で探しましたか。
　証　人　歩道から車道のほうを見て探しました。
㉓検察官　バッグを探す際に車道のほうには出ていないということですか。
　弁護人　異議があります。誘導です。
　裁判長　先ほどと同じ誘導のようですが、検察官、意見はありますか。
　検察官　では質問を変えます。探してバッグは見つかりましたか。
……

いかがであろうか。今度は裁判長も的確に誘導であるとして、異議を認めた（⑯）。しかし、再び検察官が誘導、しかも誤導尋問を行ったため（⑰）、弁護人は、さらに異議を申し立て（⑱）、裁判長はこれを認めた（⑲）。検察官は、その後の尋問ではなるべく誘導を避けながら尋問を続けたが（⑳〜㉒）、意図する「自動販売機付近で車道に出て探した」との証言が出てこない。そこで今度は「バッグを探す際に車道のほうには出ていないということですか」と尋ねたのである（㉓）。これは先に異議の出た⑨と反対の否定形での聞き方であるが、実質はまったく同じ誘導尋問である。弁護人はすかさず異議を述べ、裁判長もこれを認めた。結局、検察官は意図する証言を引き出すことはできなかったのである。

なお、この事件の判決は、「被告人の供述する態様で……バッグを片手で車の窓から車外に放り投げた場合に、検察官指摘の落下地点から1.2メートル後方の車の下に転がり込んだり、その陰に隠れてしまい、そのため、被害者が上記バッグに気づかなかったということは、十分考えられるところである」と判示し、被告人に無罪を言い渡した。異議のポイント、つまり、被害者のバッグの探し方について、十分ではなかった可能性があるとされたことが、無罪の最大の理由とされたのである。

意義ある異議を出すために

この例を引くまでもなく、異議の出し方は難しい。では、的確な異議、意義ある異議を出すためにはどうすればよいのか。そのテクニックをルール化をするのも難しいところであるが、少なくとも本章で問題としている誘導尋問については、いくつかのテクニックを指摘することができる。

その第1は、とにかく誘導尋問に敏感になれということである。第15章「誘導尋問を意識せよ」で説明した練習方法を思い起こしてほしい。一切誘導しない主尋問を練習するのである。これをすれば必然的に誘導に対する意識は高まる。誘導があれば瞬時に対応できるようになるものである。

そして、テクニックの第2は準備である。このように書くと意外に思われるかもしれない。どの場面で異議が必要かなどは事前にわからないのであるから、準備のしようがないのではないかとの疑問が湧くと思う。しかし、実はそうではない。誘導に異議が必要なのは、重要な争点に関する部分である。

そして、検察官が違法不当な誘導を始めるのは、重要な争点について、思うような供述を引き出せないからである。そうだとすれば、周到な準備をしていれば、検察官がどこで違法不当な誘導を始める可能性が高いかは、事前にある程度予想可能なのである。

　本件でいえば、検察官は、被害者がバッグを丁寧に探したこと、とくに自動販売機付近で車道にまで出てバッグを探したという供述を得たかった。この点は、検察官調書記載から明らかである。ところが、実際に行われた尋問では、肝腎の「探した」という部分で言い淀んでいることがわかる。❶、❷、❸、❻などの尋問である。そこで検察官は誘導を試み始めたのである。❹、❺、❼などである。そして、その誘導から❾の「車道に出て探したのか」という問題の誘導尋問につながったのである。このように見てくると、検察官の尋問の狙いと実際の尋問の流れのズレに注意していれば、自ずから誘導尋問に異議をいうタイミングは計れるのである。そのために必要なのが事前の記録の十分な読み込みと予想であることはいうまでもない。むしろ、このような準備と予想がなければ、どんどん進んでいく尋問中に、適切なタイミングで異議を申し立てることは困難である。適切な準備と予想があれば、比較的早い段階で、「誘導」の異議を言うことも可能となる。「誘導」の異議は重要なポイントにさしかかる前に述べておいたほうが効果的なことが多い。重要ポイントを誘導する発問がされること自体を阻止しうる機能をもつからである。

　なお、異議を述べる場合、つい攻撃的になりがちである。しかし、異議を述べる場合に、攻撃的である必要はないし、むしろ得策でもない。攻撃的な異議は、異議を言われた相手だけではなく、聞いている第三者にも反発を招くおそれがあるからである。異議を述べるときには、あくまで冷静に、淡々と紳士的に（あるいは淑女として）述べるべきである。

　異議のルールをまとめておこう。

- ・準備せよ。
- ・誘導に敏感になれ。
- ・重要な争点を意識せよ。
- ・異議は、冷静に淡々と述べよ。

*1　異議申立てについて、実践的な技術を説明するものとして、後藤貞人「第二七講　異議申立て」丹治初彦ほか編『実務刑事弁護』（三省堂、1991年）328頁がある。
*2　裁判官の証人尋問の方式については、法、規則に明文はない。しかし、裁判官に対しても、刑訴法309条1項に基づき異議の申立てができることについては、学説上ほぼ異論がない（丹治ほか編・前掲書343頁）。

【第21章】
意義ある異議！の出し方(2)
——誘導以外の異議

　「人のふり見て我がふり直せ」などと言われるが、異議を述べるべき場面を常に意識しておくことは、自らの尋問を適切なものにすることにつながる。その意味で、いかなる場合に異議を述べることができるかを整理しておくことは、きわめて重要な作業である。

　前章では、主尋問における誘導に対する異議の出し方について検討した。もちろん、異議の対象となるのは、主尋問における誘導だけではない。本章では、誘導以外の異議について、まとめて確認をしておこう。

誤導

　主尋問・反対尋問を問わず、誤導尋問は許されない。

　誤導の典型は、証拠の誤った引用や証拠に反する事実や評価を前提とした尋問である。

　たとえば、前章でも用いた「消えたバッグ」の事例で、証人が「バッグを探した車道上は暗かった」と証言しており、証拠上も明かりがないことが明らかであるにもかかわらず、検察官が「探したあたりは明るかったから、バッグがあればすぐわかったはずですね」などと聞いた場合がこれにあたるであろう。

　しかし、このような尋問も、わが国の法廷では案外見過ごされていることが多い。誤導に対し、的確な異議を述べるためには、証拠をよく理解していると同時に、尋問内容に注意を払っていることが必要である。

　ただし、それだけではまだ足りない。前章で誘導に対する異議について述べたのと同様に、誤導に対し、すぐさま反応できなければならない。そのた

めには日頃から誤導に対し、敏感に反応するように反射神経を鍛えておくことが不可欠である。

個別的・具体的・簡潔ではない尋問

　刑訴規則199条の13第1項は、「訴訟関係人は、証人を尋問するに当たつては、できる限り個別的かつ具体的で簡潔な尋問によらなければならない」と定める。逆に言えば、複合的な尋問、抽象的な尋問、冗長な尋問はいずれも許されない。実際、複合的な尋問、抽象的な尋問、冗長な尋問は、いずれも証人を困惑・混乱させ、結果として誤導になることも多い。1つの質問には、1つのことだけを端的に聞くべきである。これに反し、弁護側請求の証人に対し、検察官が複合的・抽象的・冗長的な反対尋問をしているような場合には、適宜異議を述べるべきである。

刑訴規則199条の13第2項に定める不相当な尋問

　刑訴規則199条の13第2項には、不相当な尋問方法が列挙されている。これらの尋問方法には、的確に異議が述べられるようにしておかなければならない。

① 威嚇的又は侮辱的な尋問（1号）
　証人が、尋問者の思うような答えをしない場合、尋問者はとかく熱くなって、威圧的な尋問をしがちである。また、時として、証人の名誉を傷つけるような尋問がなされることもある。
　たとえば、検察官が、被告人に有利な証言をした証人に対し、「あなたは宣誓しているのであるから、偽証をすると罪になりますよ」などというのは、公権力を笠に着た尋問であり、威嚇的な尋問にあたる。また、根拠もなく「あなたは、被告人から便宜を受けているから、被告人に有利に述べているのではないか」などと尋問すれば、侮辱的な尋問である。
　これらの尋問は例外なく許されない（刑訴規則199条の13第2項但書で正当な理由があれば許されるとされるものから、1号は除かれている）。実際のところ、これらの尋問をすれば、尋問者自身が事実認定者の信用を失うだけ

で何らの意味もない。尋問者は常に紳士であり、淑女でなければならないのである。しかし、他方で、自らが請求した証人が、このような尋問にさらされているにもかかわらず、弁護人が何らの異議も述べずに漫然と放置していれば、弁護人自身が証人からの信用を失いかねないし、依頼者である被告人や事実認定者からも頼りないとの評価を受けかねない。逆に、威嚇的・侮辱的な尋問に対し、的確に異議を述べれば、弁護人の信用性は大きく増すであろう。しかし、検察官の尋問が不相当であるからと言って、こちらまで熱くなってはいけない。あくまで紳士的・淑女的に、冷静でありつつ、かつ毅然と異議を述べるべきである。たとえば先のような尋問に対しては、以下のように異議を述べるべきであろう。

　　検察官の尋問に対し異議があります。検察官は、何ら具体的な根拠もなく、証人が偽証をしたかのような前提で尋問をしておられます。しかも、ことさらに偽証罪をほのめかしておられます。公訴権を独占している検察官がこのような尋問をされることは、刑訴規則199条の13第2項第1号によって禁じられる威嚇的な尋問にほかならず、違法かつ不当なものです。異議があります。

② 　重複尋問（2号）
　これもわが国の法廷では非常に多い。とくに、尋問者が、証人から思うような答えを得られない場合に、重複尋問をすることによって、一定の証言を引き出そうとする例が頻繁に見られる。これは一種の誘導・誤導ともいうべきものであって、不相当である。的確に異議を述べるべきである。

③ 　意見を求め又は議論にわたる尋問（3号）
　これもまたわが国では非常に多い。わが国では、尋問では意見ではなく、事実を聞くという基本的なルールが徹底されていないからである。
　たとえば、「意見を求める」尋問は、「消えたバッグ」ケースで、検察官が主尋問で被害者に対し、「あなたは、なぜ被告人はあなたのバッグを持ち去ったのだと思いますか」などと聞く例がこれにあたる。被告人の内心を第三者である証人が答えられるはずもない。このような質問は、欧米では愚問の典型とされているという。実際、被告人の内心は、被告人自身に聞くべきことであっても、

第三者に聞くべきことではない。ところが、わが国では、このような尋問が横行しているのである。証人にはあくまでその証人が直接体験した事実についての証言を求めるべきなのである（この点は4号が「証人が直接経験しなかつた事実についての尋問」を不相当としていることからも裏付けられる）。

　もっとも、他方で刑訴法156条1項は、「証人には、その実験した事実により推測した事項を供述させることができる」と定めているため、広く意見を求める尋問も許されるかのようにも見える。しかし、同項の規定もあくまで「その実験した事実」に基づき合理的に「推測」できる範囲にとどまることがその大前提である。「消えたバッグ」ケースで言えば、被害者が犯行の動機を吐露しているのを聞いていたなど、自ら実験した事実が存在するのであればともかく、被害者は被告人に突然立ち去られたにすぎない。被告人の心理を推測する基礎を欠いているというべきであって、刑訴法156条1項にあたらないと言うべきである。

　以下のように異議を述べるべきであろう。

　　異議があります。証人は、被告人の心理を答えられる立場になく、検察官の尋問は、単なる意見を求めるものにほかなりません。そのような尋問は、刑訴規則199条の13第2項3号によって禁じられています。

　他方、反対尋問の際には、「議論にわたる尋問」が多くなされる。やはり「消えたバッグ」ケースで言えば、検察官が、被告人に対する反対質問で「あなたは、はじめからバッグを盗もうとして、被害者を車から降ろしたのでしょう」などと聞く場合がこれにあたる。このような尋問も、わが国では平然となされている。しかし、尋問では事実を聞くべきであって、このような議論をすべきではない。議論は、尋問ではなく、最終弁論ですべきなのである。

　もっともこのような議論にわたる尋問は、多くの場合は反対尋問の巧拙の問題とも言える。反対尋問で証人が尋問者と議論になっても、証人が適切に切り返せば、かえって主尋問が固まることになるのである。その意味で、「議論にわたる尋問」であるからと言って、常に異議を述べることにはならない。異議を述べるのは、誤導にあたる場合や、証人が困惑・混乱している場合などに限られることになろう。

④　証人が直接経験しなかった事実についての尋問（4号）

　このパターンも非常に多い。たとえば、「及川事件」（第15章〜第19章参照）の模擬裁判では、目撃者である坂西証人に対し、被告人による殴打のシーンを坂西証人自身に被告人役をさせて再現させる例が多く見られた。しかし、坂西証人は、被告人から10メートル離れた位置で、被告人の後方ないし横側から目撃していたにすぎず、被告人の姿を前から見ていた訳ではない。この点、坂西証人に被告人役をさせて、その状況を再現させることは、明らかに過剰な再現であり、その限りで「証人が直接経験しなかった事実についての尋問」である。特に、法廷で直接目にしたものに重きが置かれる裁判員裁判において、このような過剰な再現は、危険であると言える。

　わが国で、このような尋問が横行してしまうのは、証言を求めるにあたって、証人が証言する基礎（語る資格）を確認する作業（導入）が徹底されていないからであろう。3号で述べた例にも通じる問題であるが、わが国では、証人に語る資格があるかどうかを明らかにしないまま、漫然と証言を求める例が多いのである。このような尋問に対しては、アメリカでは必ず「証言の基礎がない（No foundation）」という異議が出されることになるという[*1]。わが国でも、証人尋問は、「主尋問は、立証すべき事項及びこれに関連する事項について行う」（刑訴規則199条の3第1項）のであって、証人に語る資格のない事項について尋問するのは違法である。この意味で、この「証言の基礎がない」という異議はそのままわが国でも利用可能であろう[*2]。

　先の坂西証人の尋問では、以下のような異議を述べることになろう。

　　検察官は、坂西証人に被告人の行為を再現させようとしていますが、異議があります。坂西証人は、被告人の状況を前から見たわけでもなく、あきらかに目撃以上の再現をしてしまうことになります。そのような尋問方法は、証人が直接経験しなかった事実についての尋問にあたり、刑訴規則199条の13第2項4号によって禁止されます。坂西証人には、そのような証言をすべき証言の基礎がありません。

伝聞

　証人尋問においても伝聞法則（刑訴法320条）は適用される。たとえば、証

人に第三者の法廷外の供述内容を証言させることは、刑訴法324条によって許容される場合でなければならない。あくまで当該第三者を直接証人として尋問すべきだからである。したがって、検察官が、証人に伝聞として許容すべきではない第三者の供述内容を尋問しようとしており、かつ、その内容は直接供述者による尋問によるべき場合には、「伝聞法則に反する」として、的確に異議を述べるべきである。

なお、刑訴規則は、主尋問において伝聞法則の潜脱を禁止する規定を設けている。刑訴規則199条の3第4項が「誘導尋問をするについては、書面の朗読その他証人の供述に不当な影響を及ぼすおそれのある方法を避けるように注意しなければならない」としている点と、同規則199条の11第1項が、記憶喚起のために証人に示すことができる書面から「供述を録取した書面を除く」と明記している点である。これらの規定は、いずれも主尋問において、伝聞証拠を利用することによって、実質的に伝聞例外が潜脱されることを防止するものにほかならない。検察官がこれらの規定を無視して伝聞証拠を利用する場合にも、的確に異議を述べなければならないのである。

本章で確認した事項として、異議に関する以下のルールを追加しておこう。

- 誤導尋問を許すな。
- 刑訴規則199条の13第2項各号に習熟せよ。
- 証言の基礎がない尋問に異議を述べよ。
- 伝聞法則を潜脱する尋問に異議を述べよ。

---

*1 髙野隆弁護士が、2006年11月24日に大阪弁護士会新会館のこけら落とし企画として開催された「裁判員裁判総合フォーラム」におけるダイヤモンドルール研究会特別編「裁判員裁判に活かそう！ 役に立つ実践的法廷弁護技術」において、紹介された異議の方法である（大阪弁護士会編『大阪弁護士会新会館こけら落とし記念市民集会裁判員裁判総合フォーラム報告書Ⅰ』〔2007年〕26頁）。日本弁護士連合会編『法廷弁護技術』（日本評論社、2007年）131頁参照。

*2 実際、髙野弁護士は、自らの尋問において、よく「証言の基礎がない」という異議を出すとのことである。髙野弁護士によれば、このような法廷では、逆に検察官も、弁護人の尋問に対し、「証言の基礎がない」との異議を述べることがあるという。大阪弁護士会・前掲報告書27頁以下。

【第22章】裁判官・裁判員の尋問に対する異議

　異議に関しては、裁判官・裁判員の尋問に対して異議を申し立てることができるか、できるとしても申し立てるべきか、という問題がある。
　まず、異議を申し立てることができるかについて考えてみよう。
　刑訴法304条は、まず裁判官が証人を尋問したのちに、検察官、被告人または弁護人が尋問すると定めている。しかし、実務の運用は同規定とは逆転しており、当事者が申請した証人を裁判官がはじめに尋問することはない。当事者の尋問が終了したのちに裁判官が尋問する。これとは別に、裁判長は必要と認めるときはいつでも訴訟関係人の証人尋問を中止させ、自らその事項について尋問することができる（刑訴規則201条1項）。
　裁判官が、介入尋問あるいは補充尋問を最後までしないことがある。たまたま尋問しないのではなく、意識的に自ら尋問することを自制している裁判官もいる。しかし、裁判官が補充的に尋問することは日常的にみられる。重要な証人になると、とりわけその傾向が強く、介入尋問も珍しくはない。
　裁判官による証人尋問の制限については、職権でする場合であれ当事者の請求によるものであれ、法および規則に直接的な規定がない。裁判官は本来公平な立場にあるから、その尋問を制限する必要がないと考えられたためである、と説明されている。しかし、刑訴規則199条の2以下の尋問方法に関する規定は、そもそも、誤った事実認定を導くおそれのある証言を引き出すような方法を規制しようとするものである。裁判官（裁判員）がする尋問であっても、そのようなおそれのある尋問が許されないのは当然である。それゆえに、裁判官の補充尋問あるいは介入尋問も、当事者と同様の規制に服することが広く承認されている。
　したがって、裁判官や裁判員から違法あるいは不相当な尋問がなされた場

合、それに対して、対立当事者の交互尋問における場合と同様、異議申立ができると解すべきである(平場安治ほか『注解刑事訴訟法〔中〕〔全訂新版〕』〔青林書院新社、1982年〕568頁、法曹会編『刑事訴訟規則逐条説明〔第2編第3章公判〕』〔法曹会、1989年〕105頁等)。なお、異議の根拠規定である刑訴法309条1項も異議の対象を限定していない。

　では、さらに進んで、裁判官や裁判員の尋問に対しても、異議を申し立てるべきであろうか。

　実際には、事実認定者である裁判官や裁判員の尋問に対して、異議を申し立てるのはためらいを感じざるをえないであろう。異議を言われること自体、気持ちのよいものではない。反発を抱くこともあるであろう。その意味で、裁判官や裁判員の尋問に対する異議には、慎重さが要求される。

　しかし、だからといって必要なときには、異議申立をためらうべきではない。

　その典型が、誤導尋問がされた場合である。裁判官や裁判員が、その尋問から証言内容を誤解していると思われることがある。このような場合には、異議を申し立てることによって、裁判官・裁判員の誤解を修正することをためらってはならない。ただし、そのような場合でも、検察官の尋問に対する異議申立以上に、攻撃的な異議申立は避けるべきである。とくに、裁判員のなかには、質問に慣れていない人も多いであろう。異議を申し立てられれば、その後の補充尋問だけでなく、評議の場でも萎縮させてしまうことにもなりかねない。あくまで丁寧に、誤解を解くように心がけるべきである。たとえば、以下のように述べることになるであろう。

　　弁護人　ただいまの裁判員のご質問ですが、証人の証言内容を少し勘違いしておられるかもしれません。以下の点をご確認いただいたうえで、ご質問を続けていただいたほうがよいかと思います。

　他方、裁判員裁判における裁判官の尋問については、より積極的な異議申立が必要な場合がある。裁判官の補充尋問には、あからさまに自らの心証を明らかにするような内容が含まれることがあるからである。たとえば、被告人に不利な証言をした目撃者に対する以下のような尋問が典型である。

裁判官　先ほど、弁護人からの反対尋問で、捜査段階の供述と食い違いがあるという指摘があったようなのですが、その理由は説明できますか。
証　人　よくわかりません。
裁判官　警察での取調べのときは、事件を目撃した直後ですよね。
証　人　そうですね。
❶裁判官　混乱していたということはありませんか。
証　人　はい、していたと思います。
裁判官　今日は、混乱した記憶も整理して、述べてもらったということでよいですか。
証　人　はい。
裁判官　今日述べてもらったことが、整理した記憶のとおり、本当のことを述べてもらったということでいいですか。
証　人　はい。

　もし、上記のような尋問がなされてしまえば、裁判官が、この証人を信用できると考えていることが見え見えである。初めて裁判する裁判員は、ただでさえ裁判官、とりわけ裁判長の影響を受けやすいであろう。裁判官の補充尋問に対する証人や被告人の答えからだけでなく、裁判官の尋問自体から心証を抱いてしまう可能性を否定しがたい。弁護人としては、裁判官の尋問自体の違法不当だけでなく、常に、裁判員への影響をはかりながら、異議を申し立てるべきであろう。少なくとも、❶の部分で、以下のような異議を申し立てる必要があろう。

弁護人　異議があります。今の裁判官の質問は、単に誘導というだけではなく、誤導と言わざるをえません。とくに、裁判官の補充尋問は、裁判員の皆様の心証にも大きな影響を与えることになりますので、誘導や誤導には、ぜひとも十分にご留意いただきたいと思います。

　異議のルールとして、以下のルールを加えておこう。

【第22章】裁判官・裁判員の尋問に対する異議

・裁判官・裁判員の尋問にも異議をためらうな。
・裁判官の補充尋問による裁判員への影響を意識せよ。

プレゼンテーション技術編

【第23章】尋問もプレゼンテーションであることを意識しよう

　裁判員裁判の実施にあたり、冒頭陳述や最終弁論でのプレゼンテーション技術の応用が指摘されている。確かに、冒頭陳述や最終弁論は、典型的なプレゼンテーションの場である。

　しかし、それだけでは足りない。われわれ弁護人は、尋問もまたプレゼンテーションであることを意識しなければならないのである。尋問は、尋問者と証人との一問一答を通じて、自らのケースセオリーを説明し、受け入れてもらうための説得をする場である。直接的か間接的かの差はあるが、冒頭陳述や最終弁論と同様に、事実認定者に対するプレゼンテーションなのである。われわれは、そのことを十分に意識して、尋問に臨まなければならない。

主尋問・反対尋問共通のルール

　それでは、尋問をプレゼンテーションとして捉えるべきだとした場合、どのようなルールが導かれるだろうか。まず、主尋問・反対尋問に共通のルールについて考えてみよう。

　とにかくあらゆるプレゼンテーションは、話し手の自己満足に陥ってはいけない。ではどうするのか。プレゼンテーションは、聞いてもらってはじめて意味がある。そうである以上、徹頭徹尾聞き手の立場を考えるのである。話し手の話したいことを語るのではない、聞き手が聞きたいことを語るのである。

　この鉄則からは、とにかく聞き手にわかりやすく、語ることが最低条件である。たとえば、裁判員を相手に専門用語を乱発してはならない。

　また、聞き手にとって、退屈な尋問をしてはならない。退屈な尋問を聞か

されれば、事実認定者の集中力はとぎれ、あっという間に睡魔に襲われたり、関心のある別のこと（裁判員の場合抱えている仕事の納期の問題や家庭問題、あるいは恋愛問題かもしれない）を考えてしまうものである。

いくつかのポイントを挙げておこう。

① わかりやすさを意識しよう

まず、最も重要なわかりやすさに考えてみよう。

「わかりやすく尋問すべき」と言うのはやさしいが、実践するとなると非常に難しい。事実認定者に直接語りかける冒頭陳述や最終弁論とは異なり、尋問の場合は、証人との一問一答を通じて、自らの主張を裏付け、事実認定者を説得しなければならないのであるから、その難しさは倍増する。

では、わかりやすい尋問とはどのようなものか。

まず、主尋問・反対尋問に共通の問題点として、とにかく個々の質問が、できるかぎり個別的、具体的で簡潔でなければならない（刑訴規則199条の13第1項参照）。長々とした複合質問、意見を押しつけたり、議論にわたる質問（刑訴規則199条の13第2項3号参照）などはタブーである。

また、すでに触れたとおり、尋問で使う用語にも注意が必要である。とくに裁判員裁判の場合、裁判員のなじみのない専門用語はできるだけ避けるべきである。もし、どうしても使わなければならない場合は、その意味を尋問でわかりやすく明らかにしなければならない。

また、わかりやすくするためには、尋問全体の構成や、個々の質問の順序の工夫が重要である。

ヴィジュアル化も重要な要素である。刑訴規則199条の12も「訴訟関係人は、証人の供述を明確にするため必要があるときは、裁判長の許可を受けて、図面、写真、模型、装置等を利用して尋問することができる」と定めている。この規定は、裁判員裁判ではより積極的に活用されるべきであろう。実際、最近の法廷は、裁判員裁判法廷を意識して、証人尋問において、図面の提示や、書画カメラやタブレット、モニターなどのIT機器が準備されるようになった。このような機器によるヴィジュアル化が適切に行われれば、尋問をわかりやすくすることは疑いがない。もっとも、IT機器にばかり頼るのは、得策とは言えない。IT機器は、紙や模型などのアナログの媒体と比較し、時として操作が煩雑であったり、記入がスムーズになされなかったりして、尋

問の流れを阻害することが多いからである。尋問で重要なのは、メリハリでありリズムである。尋問のわかりやすさも、このメリハリ・リズムによるところが多い。そのメリハリ・リズムが、IT機器の操作によって阻害され、かえってわかりにくくなるようであれば、本末転倒というほかない。IT機器ばかりではなく、大判の紙やパネル等の活用を工夫すべきであろう。

　なお、行きすぎたヴィジュアル化にも注意が必要である。たとえば目撃証人は、その目撃位置が限定されているのであるから、関係者の動作すべてを目撃することなどありえない。ところが、目撃証人の動作による再現は、必然的に目撃できない部分すべてに及んでしまうことになる。その意味で、このような再現は、明らかに過剰な再現となってしまうのである。再現によるインパクトが大きいことを考えると、このような過剰な再現が行われれば、きわめて深刻な影響を及ぼすおそれがある。弁護人としては、適切に異議を述べ（刑訴法309条1項、刑訴規則205条1項により、不相当であることを理由とすることができる）、過剰な再現がなされないように注意しなければならない。

② 尋問時間を意識しよう

　プレゼンテーションで時間は大切である。とくに裁判員裁判では、われわれは従前より時間に対し、鋭敏な意識を持たなければならない。『弁護のゴールデンルール』を著したキース・エヴァンスも、陪審の前で時間を大切にすることの重要性を、繰り返し強調している[*1]。

　翻って、われわれは、尋問に当たって、誰にとっても貴重で有限な時間を、従前どこまで尊重してきたと言えるか、十分に反省すべきであろう。たとえば、1時間でどれだけの尋問ができるのか、30分の場合はどうか、20分ならどうか、はたまた10分なら、5分なら……。そのような基本的なことすら検討もせず、漫然と感覚だけで尋問時間を決めていたのではないだろうか。

　聞き手である事実認定者にとっても、われわれの依頼者にとっても、そして、われわれ弁護士にとっても、時間はきわめて貴重である。無駄な尋問のために費やすことは許されない。

③ メリハリをつけよう

　集中力を持続してもらうためには、メリハリよく聞くことに尽きる。では、

メリハリをつけるためにはどうすべきか。メリハリを決定するのは、プレゼンテーションの「長さ」「速さ」「強弱」等である。

長さ
　まずは、長さである。だらだらとした長い話は、聞く者にとっては苦痛以外の何ものでもない。とにかく、一切の無駄を省いて、短く聞くことである。尋問は、常に1つの質問で1つのことしか尋ねてはならない。複合質問はタブーである。

速さ
　速さも重要である。だらだらした単調な尋問はそれだけで退屈である。しかし、単に速ければよいというわけではない。速すぎれば、聞く者はついて行けず、印象にも残りにくい。緊張するとつい早口になりがちであるが、深呼吸をして早口にならないように注意すべきである。

強弱
　日本人は苦手であるが、声の強弱、アクセントも重要である。これも大きな声であればよいと言うわけではない。強調すべきところは強く、そうでないところは弱く発音する。逆に、強調すべきところをことさらに静かに話すことが、かえって、その部分を強調する場合もある。とくに適切な「沈黙」は、非常に強い力を持つ。沈黙は、聞き手に、「次に何が起こるのか」という期待を持たせ、関心を引きつける効果を持つのである。

リズム
　テンポも重要である。時としてゆっくり、時として速く、場合によっては完全に止まってポーズを取ることも必要である。そのような緩急こそが、尋問にリズムを与え、小気味よいテンポを生むのである。

耳障りな口癖を避けよ
　なお、リズムとの関係では、「えー」「あのー」といった、聞き手を苛立たせる耳障りな間投詞はタブーである。これらの間投詞は、尋問のリズムを決定的に壊してしまうのである。同様に、「なるほど」と述べたり、「はい、はい」「そ

う、そう」とか「ふむ、ふむ」など相槌を無意識にうってしまっていることも多い。これも聞いている者には耳障りである。

　ただし、このような間投詞は、無意識の口癖になっており、言っている本人は気づいていないことがほとんどである。これを修正するための最良の方法は、自分の姿を録画し、ビデオでみることである。自分の口癖は、ビデオを見れば、まさに一目瞭然である。

④　立ち居振る舞いに気をつけよう
　プレゼンテーションにおいて重要なのは、プレゼンテータに対する聞き手の信頼である。自信なさげな態度は、それだけで信頼を減少させる。逆に、傲慢で尊大な態度は、反感を招く。聞き手が、プレゼンテータに対し、反感を抱いてしまえば、どれだけ内容がすばらしくても、聞いてもらえなくなるものである。そうである以上、尋問者は、その立ち居振る舞いや身だしなみにも注意しなければならない。常に、誠実に、紳士・淑女として振る舞うべきなのである。

　立ち居振る舞いで注意すべきポイントもいくつか挙げておこう。

姿勢

　姿勢は、その人の印象を決定づける。猫背やうつむき加減の姿勢は、自信のなさを印象づけてしまう。逆に、反り返ってあごを突き出せば、尊大な印象を与える。

　手のやり場も案外難しい。腕組みをしても、腕を後ろに回しても、傲慢な印象を与える。ポケットに手を突っ込んでも同じである。ポケットに手を突っ込まなくても、腰に手を当てて体をくの字に曲げているだけで、傲慢な印象となる場合もある。上目遣いは挑発的な印象である。ちょっとした姿勢が、様々な印象を与えてしまうものなのである。

　では、どうすればよいのか。基本姿勢を身につけるべきである。両足を肩幅よりやや広いくらいにとり、均等に体重をかける。背筋は伸ばす。手は、へその上くらいで自然に重ね合わせる。この姿勢は、慣れるまでは窮屈に感じるであろう。しかし、見る者には、安定感もあり、自信ある姿勢に見える。他方で、決して尊大な印象は与えない。非常に自然な姿勢に見えるのである。後述する無駄な動きを防ぐ意味もある。この姿勢を基本姿勢として、常にこ

こに戻ってくることを意識するのである。このことを意識するだけで、話し手の印象は大きく変わる。

視線（アイコンタクト）
　姿勢の中で、重要なのは、視線である。うつむいた視線は自信のなさを表してしまう。空を泳ぐ視線もまた同じである。
　ではどうすべきか。アイコンタクトをとることである。尋問の中では、まず第一に、証人とのアイコンタクトである。反対尋問では、適宜事実認定者とのアイコンタクトも必要となる。そのためには、メモに頼っていてはいけない。弁護士の中には、尋問中、常にメモに目を落としてうつむいている人もいるが、これでは尋問を通じて、事実認定者を説得できない。
　ただし、アイコンタクトはなかなか難しい。とくに日本人はアイコンタクトが苦手である。この点は、意識して訓練すべきなのである。

動き（ジェスチャー）
　尋問者の動きも重要な要素である。尋問中、せわしなく常に動いている弁護士もいるが、非常に落ち着きのない印象を与える。逆にまったく動きがないのも、ぎこちない印象となる。
　適切な動きこそが必要なのである。まず、無駄な動きをしないために、先に述べた基本姿勢を身につける。そして、必要なときに自然な動きをするのである。

主尋問でのルール

　次に、主尋問で意識すべきルールを見ておこう。
　主尋問では、主人公はあくまで証人である。尋問者は、あくまで脇役、引き立て役である。そうである以上、尋問者は目立ってはならない。
　その意味で重要なのは、まず立ち位置である。尋問者は証言台から離れ、事実認定者の視線が証人に集中するようにすべきである。裁判員裁判法廷では、法壇の端に位置するのが適切であろう。
　また、証拠を証人に示す場合などに、証言台と裁判員の間に立って、その視界を遮っている例も見られる。尋問者は、事実認定者から証人の姿が見え

るように注意しなければならない。

　尋問者は、動きもできるだけ控えめにすべきである。

　もっとも、尋問者は目立つなと言っても、消え去るわけではない。尋問者は、証人からわかりやすく、聞きやすい証言を引き出すガイドであり、インタビューアである。テンポ、間、リズム、構成を考え、メリハリある質問をしなければならない。そのためには、証人とのアイコンタクトを怠ってはならない。メモばかりを見て証人をほとんど見ていない尋問者を見かけるが、これではアイコンタクトはとれない。証人は、常に尋問者を見て、時には頼って来るであろう。証人とのアイコンタクトが不可欠なのである。

　尋問の方法も、証人が主人公となるように工夫しなければならない。ことさらに相槌を打ったり、証人の証言を反芻すべきではない。あくまで証人自身の証言によって、説得をすべきなのである。

反対尋問でのルール

　反対尋問の場合は、どうであろうか。

　主尋問とは逆に、反対尋問では主人公は、尋問者である。

　そうである以上、立ち位置は、常に事実認定者から見える位置でなければならない。証人と常にアイコンタクトをとれる位置であると同時に、すべての裁判官・裁判員ともアイコンタクトがとれる位置でなければならないのである。反対尋問において、証人に証拠を示す場合などに、法壇に背を向け、かつ証言台にかがみ込んでいる尋問者がいるが、これもダメである。事実認定者に背を向けないように、証言台の横にしっかりと立つ。事実認定者といつでもアイコンタクトをとれるようにする。そのうえで、証人とアイコンタクトをとりながら、堂々と示すべきなのである。

　尋問者の適切な動きも必要である。時として、1カ所にとどまらず、証言台に近づくなどの工夫が必要であろう。適宜、身振り・手振りなども意識する必要がある。速さの変化、声の強弱などのメリハリも、自らが証人をコントロールする主人公であることを前提に、主尋問以上に意識すべきである。

　もちろん、過ぎたるは及ばざるがごとしである。オーバーアクションは、かえって嫌みであって、尋問者に対する反感を生む原因となる。その意味でも、前述の基本姿勢を基準としつつ、自然な動きを心がけるべきである。ま

た、仮に反対尋問に成功したとしても、勝ち誇ったような姿勢を示してはならない。あくまで、淡々と尋問を終えるべきである。

プレゼンテーションを意識せよ

プレゼンテーションの観点からみた尋問のルールをまとめておこう。

- ・尋問もプレゼンテーションであることを意識せよ。
- ・聞き手の立場を考えろ。
- ・わかりやすさを意識せよ。
- ・時間を意識せよ。
- ・メリハリをつけろ。
- ・口癖に注意せよ。
- ・立ち居振る舞いを意識せよ。
- ・身だしなみに注意せよ。
- ・基本姿勢を身につけろ。
- ・アイコンタクトせよ。
- ・動きに気を配れ。
- ・立ち位置に注意せよ。

*1　キース・エヴァンス（髙野隆訳）『弁護のゴールデンルール』（現代人文社、2000年）28頁。

コラム 尋問べからず集

　適切な尋問をするためには、不相当な尋問の例を十分に理解しておくことが必要不可欠である。本文でも、不適切な尋問については各所で触れてきたが、ここで「尋問べからず集」としてまとめておこう。

① 反対尋問における「なぜ」
　「べからず尋問」の最たるものは、反対尋問におけるオープンな質問、とくに「なぜ」と聞く尋問である。反対尋問における主人公は、尋問者である。尋問者が証人をコントロールしなければならないのである。しかし、「なぜ」と聞けば、証人は自由に弁解する権利を得る。その結果、尋問者は、コントロールを失ってしまうのである。反対尋問において、「なぜ」という質問はタブーである。
　これに対しては、「なぜ」と聞いて証人が絶句をしたほうが反対尋問が成果を上げるのではないかという反論もあろう。しかし、「なぜ」と聞かなければならないとすれば、それは多くの場合、証人の弁解を予想しきれていないからである。そのような場合でも、結果オーライとして、証人が絶句する場合もあるだろうが、そのような「賭」は、技術とは言えないであろう。
　では、「なぜ」と聞いて絶句することが明らかな場合はどうか。これは答えを知って尋問していることになるから、尋問者はコントロールを失っているわけではないし、反対尋問としても成功しているようにも思える。しかし、絶句することが明らかなのであれば、それは、それ以前に証人にとってのすべての逃げ道が塞がれているからである。逆に、そのように逃げ道を塞いでいるのであれば、すでに「なぜ」と聞く必要はなくなっているはずである。
　これは別の観点からも言える。実は、絶句することが明らかな場合には、「なぜ」と聞く代わりに、「理由を説明できませんね」と聞けばよいことになる。これなら誘導尋問であり、その予想どおりであれば、証人は「はい」としか答えられないはずである。しかし、そもそもこのような尋問をするためには、証人が説明できる理由＝弁解をすべて予想し、それ以前の尋問で、その弁解をすべて否定しておかなければならない。そのような作業がなされているのであれば、すでに矛盾は明らかになっているはずであって、「理由を説明

できませんね」という問いも不要である。むしろ、このような問いをしてしまえば、誘導尋問であっても、「いいえ、あります」などという反論を招きかねない（避けるべきダメ押しとも言える）。その意味では危険かつ無用な尋問と言えるであろう。

　結局、反対尋問では「なぜ」と聞く必要はないし、聞くべきでもないのである。

②　念押し・ダメ押し
　主尋問でも反対尋問でも、とにかく念押しやダメ押しをしたがる尋問者が多い。ひどい例になると、主尋問において、証人が「○○です」とひと言答えるたびに、「○○なのですね」と繰り返している尋問者に出くわすことがある。尋問者としては、事実認定者にわかりやすいように丁寧な尋問をしているつもりなのであろう。しかし、このような念押しやダメ押しは聞いている者には、耳障りなうえ、時間の無駄である。とくに、主尋問では、証人自身が主人公でなければならないにもかかわらず、このような念押しは、証人の証言のインパクトを殺してしまう。事実認定者が聞きたいのは、尋問者の念押しではなく、証人自身の言葉である。念押しによって尋問者が出しゃばるのではなく、証人の証言そのものを活かすことを考えるべきである。

　反対尋問では、より深刻である。ついダメ押しをしたくなるのは、人情である。とくに反対尋問が効を奏している場合には、なおさらダメを押したくなるものである。「悪魔のささやき」とも言えるであろう。しかし、無駄なダメ押しをしようとすると、証人に弁解の機会を与えてしまうことが多い。ダメ押しは、多くの場合「事実」ではなく、尋問者の「評価」だからである。「評価」である以上、証人は「いえ、違います」などと反論する余地が出てきてしまう。こうして、反対尋問におけるダメ押しは、単に無駄なだけではなく、それまでの反対尋問を台無しにしてしまうことになりかねないのである。

　ダメ押しをせず、腹八分目にとめる。重要なテクニックである。

③　議論にわたる尋問
　これは反対尋問で証人から思うような答えが返ってこないときに、つい熱くなって、証人と議論をしがちになる。しかし、尋問者が熱くなって議論をしても、事実認定者にはまったくと言っていいほど伝わらない。せいぜい水

かけ論をしているな、という印象を与えるだけである。そもそも議論にわたる尋問は、刑訴規則199条の13第2項3号において、原則として禁じられる不相当な尋問の典型である。

　反対尋問は、議論をする場ではない。あくまで事実を聞く場である。証人の弾劾も事実を積み重ねることによってしなければならない。刑訴規則を待つまでもなく、尋問において議論はタブーである。

④　捨て台詞

　これも反対尋問において、証人と議論した後によく見られるが、「そう聞いておきましょう」などという捨て台詞をいう弁護人が多い。これは、そもそもタブーと言うべき議論をしていたことを意味するうえ、その議論に勝てなかったことを自認するものにすぎず、見苦しい。このような捨て台詞は絶対にすべきではないし、そもそも捨て台詞を言わなければならないような尋問をすべきではない。

⑤　無意味な尋問

　まったく意味のない尋問にもよく出くわす。自明のことをことさらに確認する尋問、事件に関係のないディテールを聞く尋問などである。事実認定者にとって、無駄な尋問につきあわされることほど苦痛なことはない。そのような尋問を聞かされれば、尋問者に対し、反発心を抱いてしまうかもしれない。そのような事態となれば、いくらすばらしい尋問をしてみたところで、事実認定者に有利な心証をもってもらうことは不可能である。われわれには、無意味な尋問をしている余裕などないのである。すべての尋問が、練られた意味のある尋問でなければならないのである。

　無意味な尋問という点では、答えがわかりきっているうえ、その答えに何の意味もない質問がある。「愚問」と言うべき尋問である。その典型が、「あなたには嘘をつく理由がありますか」という質問である。証人の信用性を高めるつもりであろうが、この質問には何の意味もない。なぜなら、この質問は、「あなたは嘘をついていますか」と同義であるが、法廷に出てきた証人が、真実を述べていようが、嘘をついていようが、自ら「嘘をついています」などと答えるはずがないからである。すべての証人が、「嘘をつく理由などありません」と答えるが、その質問そのものによって、証人の信用性は何ら担保も検

証もされない。どこまで行っても、これは無意味な質問なのである。

　このような無意味な質問は、してはならない。

⑥　無駄な反対尋問

　無意味な尋問の最たるものは、時として反対尋問そのものである。この点、多くの弁護士は、証人尋問をする以上、念入りに反対尋問をしなければならない、と思い込んでいるのではないであろうか。また、反対尋問をしない以上、調書を同意しなければならないかのような考えにとらわれていないであろうか。

　しかし、もしそのような思い込み、考えがあるとすれば、それは調書裁判・精密司法の毒牙に侵されてしまったが故の呪縛であると言わざるをえない。何も反対尋問をすることがなくても、調書を不同意にすることに遠慮はいらない。むしろ、同意によって調書裁判を温存することは、裁判員裁判にとって弊害が大きい。われわれは、「反対尋問をしなければならない」との呪縛から解放されなければならないのである。

　実際、直接主義・口頭主義が当然となっている諸外国では、反対尋問がなされない証人尋問が当たり前のように行われている。そこで反対尋問がなされるのは、真に必要な時のみである。そのように反対尋問が絞り込まれれば、むしろ反対尋問がなされること自体がインパクトを持つことにもなる。それまで、すべての証人の証言を無視し、ひと言も尋問しなかった弁護人が、検察官の最重要証人の時だけすっくと立ち上がって、短時間でその証人を沈没させてしまうシーンを思い浮かべてほしい。これほど劇的な法廷ドラマはないであろう。

　無駄な反対尋問をするぐらいであれば、反対尋問はまったくしないほうがよほど効果的である。無駄な反対尋問をしない、必要な反対尋問だけをする、これこそ最も重要なテクニックである。

あとがき——尋問は技術である

　尋問は「技術」である。この当たり前のことが強く意識されるようになったのは、それほど古いことではない。我田引水にもなろうが、大阪弁護士会の修習生に対する公判弁護ゼミは、1993年からソクラティック・メソッドを用いており、その中で、反対尋問は、獲得目標を定めたうえで、岩盤（動かない事実）から足場（確からしい事実）を固めることだなどと説いていた。すなわち、岩盤から足場を伝って、目的地に到達するシミュレーションを繰り返すこと、そうすることで、尋問の目的を達成しうるなどと、話していたのである。

　しかしながら、未だこの時代にあっては、その「技術」は、誰もが学び修得できる「技術体系」になっていなかった。尋問技術を伝承しうるようなシステマティックで相対化された認識体系は存在しなかったのである。1995年に、髙野隆弁護士が季刊刑事弁護4号に「反対尋問の技術」という論攷を書かれているが（同170頁）、これは、当時において、唯一の尋問「技術」伝承の論攷だったといえるのではないだろうか。

　そのようななか、2000年1月に山室恵編著『刑事尋問技術』（ぎょうせい）という本が刊行されている。そのはしがきでは「類型のないテキストブック」であるとされ、刑事尋問「技術」をはじめて唱ったという自負が語られているように思われる。ただ、率直に言えば、同書は、刑事事件における尋問についての刑訴法・刑訴規則などの基礎的で体系的な理解に資する書籍であり、あるいは、「尋問」の「視点」自体を提供するものとはいえるけれども、尋問「技術」それ自体を語っている本とはいいにくい。なぜなら、「何を聞くか」が最重要であって、「どう聞くか」は、それに比し重要性はかなり低いとの観点から論じられているからである（同書13〜14頁）。

　「何を聞くか」が尋問の前提として重要であることは当然である。しかし、本書でも繰り返し論じているとおり、尋問「技術」そのものは、徹底的にひたすら「どう聞くか」の中にあり、逆に言えば、その中にしかない。

　そのことを明瞭に示したのは、本書でも、しばしば引用した、キース・エヴァンス（髙野隆訳）『弁護のゴールデンルール』（現代人文社、2000年）で

ある。同書は、実務家が本当に使える、本邦初の尋問「技術」書としての価値を有しているといってよい。

ダイヤモンドルール研究会は、ゴールデンルールを越えるルールを模索すべく発足した。この言い方が誤解を招くのであれば、こう言うべきであろうか。英米法の実務で長年にわたって蓄積された尋問技術のルールを、わが国の実務でより有効化するには、ゴールデンルールとはまた異なった、相応の工夫が要るだろうという問題意識である。

裁判員裁判の開始によって、我が国の刑事尋問技術は英米法実務のそれに近接していくだろう。しかし、たとえば、全米法廷技術研究所（NITA）が反対尋問で示す「３Ｃ」（コラム「NITAメソッドにおける３つのＣ」本書41頁参照）のありようについても、わが国では、一定の変容を意識せざるをえない。なぜなら、捜査段階供述にクレジットを与えることは、それがもし検察官調書であったのなら、直ちに「特信性」の付与にさえ結びつきかねない要素があるからだ。裁判員裁判によって、刑訴法321条１項２号後段書面の取扱いも様変わりすることと予見はされる。とはいえ、そこでは、「『検察官調書を生かしつつ殺す』という手法」（丹治初彦「検察官調書」丹治ほか編『実務刑事弁護』〔三省堂、1991年〕217頁。つまり、あまりに日本的な手法）をも、なお組み込みつつ、「ルール」を定立する努力が必要と思われるのである。

本書は、そのような試行錯誤から生まれた。この間、刑事弁護技術に関する書籍として、佐藤博史『刑事弁護の技術と倫理』（有斐閣、2007年）や日本弁護士連合会編『法廷弁護技術』（日本評論社、2007年）などが相次いで出版されている。ただし、尋問についていえば、必ずしも生（なま）の事例を素材として個別具体的に論じられているわけではない。本書の特徴として、徹底的に具体的事例に則して、尋問「技術」を伝えようとしていることが挙げられよう。あえて言えば、そこに本書の「類例のなさ」を認めることができるはずである。

本書のほとんどの論攷の執筆は、当会代表の秋田真志弁護士の手によるものである。果たして、本書がゴールデンルールを越えているかどうか。秋田代表をはじめとしてわれわれには、そう言い切る自信などはない。しかし、そうだとしても、その萌芽はあるのではないだろうか。各位の御批判を賜ることができれば幸甚である。

と同時に、裁判員裁判における審理を通して、刑事弁護における尋問技術

は飛躍的に向上することが予見される。いうまでもなく、そのような過程で、刑事弁護人に必要なのは、一にも二にも研鑽である。三、四がなくても、五に研鑽である。もし本書が、その研鑽の一助になるのであれば、それは本書にとって望外の喜びである。

小坂井 久

抽出されたダイヤモンドルール

※数字は本書掲載頁、「DVD」は付録DVDに収録されていることを示す。

反対尋問の目的

- 反対尋問の目標を見誤るな。　27
- 反対尋問では、弾劾せよ。　27
- 弾劾のためには、供述の自己矛盾を突け。　27
- 反対尋問では、弁解をさせるな。　27

反対尋問の準備

- ケースセオリーを見極めよ。　90
- 証拠（とくに証人の供述）を精査せよ。　90
- 調書の行間を読め。　90
- 徹底的にシミュレートせよ。　120
- アナザーストーリーを見極めよ。　120
- 実際の場面を具体的にイメージせよ。　81
- 証人の立場をシミュレートせよ。　81
- 証人の心理をシミュレートせよ。　120
- エピソードを探せ。　110
- 弾劾のセオリーを確立せよ。　90
- 弾劾のセオリーに関連し、かつ、証人が否定できない事実を抽出せよ。　90
- 些細に見えて本質的な部分を見逃すな。　81
- 些末な矛盾にこだわるな。　81
- 証言を事前に予想せよ。　90
- 事前予想に反した証言が出たら、自己矛盾を突け。　90

反対尋問の手法

- なぜとは問うな（理由を聞くな）。　40
- 証人に直接疑問をぶつけるな。　63、178
- 証人とは論争をするな。　54、63
- 誘導尋問をせよ。　40、108、DVD
- 証人を矛盾へと導け。　40
- 矛盾の部分でピンで留めよ（タメを作れ）。　40
- 事前に逃げ道（弁解の余地）を塞げ。　40
- 矛盾を示せ。　40
- 矛盾は、ドラマチックに示せ。　40
- 矛盾を示したら深追いするな。　40
- 自己矛盾を示すためには３Ｃのステップを踏め。　44、DVD
- 嘘をつく人間は防御ラインを上げる（大げさに嘘をつく）ことを意識せよ。　56

抽出されたダイヤモンドルール　249

- 反対尋問では、ターゲット(的)ではなく、その周辺を撃て(田原坂ルール)。 56
- 矛盾する周辺事実を積み重ねよ。 54、63、DVD
- 事実に語らしめよ。 54、109
- 弁論との合わせ技で攻めろ。 120
- できるだけ短く問え。 169
- 質問を細かく分解せよ。 169
- 具体的に事実を聞け。 169
- 無駄な尋問をするな。 171
- できるだけ短く終えよ。 171
- ダメを押すな。 178
- 寸止めせよ。 178

書面の呈示

- 証人自身に自己矛盾供述を確認させよ。 95
- 自己矛盾の確認のためには遠慮なく書面を示せ。 95
- 書面の読み上げは、尋問者自身で行え。 95
- 自己矛盾を示すために読み聞かせも活用せよ。 99
- 読み聞かせは、短く、コンパクトに。 99

言い逃れ対策

- 言い逃れ(はぐらかし)のパターンを知れ。 135、139
- 言い逃れができない獲得目標を探せ。 134、139
- 獲得目標から外れるな。 134、139
- 言い逃れを追うな。 132、139
- 言い逃れには同じ質問を繰り返せ。 135、139
- 図星を指せ。 139

異議

- 誘導に敏感になれ。 221
- 準備せよ。 221
- 重要な争点を意識せよ。 221
- 刑訴規則199条の2ないし同14に精通せよ。 96
- 刑訴規則199条の13第2項各号に習熟せよ。 228
- 誤導尋問を許すな。 228
- 証言の基礎がない尋問に異議を述べよ。 228
- 伝聞法則を潜脱する尋問に異議を述べよ。 228
- 異議は、冷静に淡々と述べよ。 221
- 裁判官・裁判員の尋問にも異議をためらうな。 232
- 裁判官の補充尋問による裁判員への影響を意識せよ。 232
- 異議には的確に対応せよ。 96

取調べに関する尋問

- 捜査経過を検討せよ。　159
- 取調べ状況を具体的にイメージせよ。　148、159
- 検察官調書の作文性を明らかにせよ。　148
- 作文性を示す具体的事実を指摘せよ。　148
- 検察官調書の内容そのものを弾劾せよ。　150
- 調書の変遷過程を検討せよ。　159
- 供述者の心理を検討せよ。　159
- 取調官の心理を検討せよ。　159

主尋問の準備

- 証人と十分な準備をせよ。　192
- 尋問の流れ（構成）を考えよ。　196
- 構成は、人物紹介、導入、舞台設定、動作の順で。　197
- 証人とケースセオリーを共有せよ。　192
- 証人には「結論」→「理由」の順で話させよ。　192
- 証人に「結論」→「理由」で話す難しさと重要性を理解させよ。　192
- リハーサルをせよ。　192
- 反対尋問に備えよ。　204
- 証人テストで反対尋問をせよ。　204
- 防御ラインを上げすぎるな。　204

主尋問の手法

- 主尋問では誘導するな。　185、DVD
- 誘導を日頃から意識せよ。　185
- 絶対に誘導しない練習をせよ。　185
- ５Ｗ１Ｈで聞け。　185、DVD
- 日々練習をせよ。　185
- 尋問（質問）の中で説明をするな。　189
- 証人自身に語らせよ。　189、DVD
- 評価ではなく、事実を聞け。　189
- ディテールで流れを止めるな。　197

図面等の利用

- 刑訴規則199条の12に習熟せよ。　200、DVD
- 検察官にあらかじめ閲覧させよ。　200、DVD
- 裁判長の許可を得よ。　200、DVD
- 図面で誘導するな。　200
- 証人自身に説明させよ。　200

- 記録に残せ。　200
- 調書への添付を求めよ。　200

プレゼンテーションの観点から

- 尋問もプレゼンテーションであることを意識せよ。　241、DVD
- 聞き手の立場を考えろ。　241
- わかりやすさを意識せよ。　241
- 時間を意識せよ。　241
- メリハリをつけろ。　241
- 立ち居振る舞いを意識せよ。　241
- 身だしなみに注意せよ。　241
- 基本姿勢を身につけろ。　241、DVD
- アイコンタクトせよ。　241、DVD
- 動きに気を配れ。　241、DVD
- 立ち位置に注意せよ。　241、DVD

証人尋問に関する実践的な参考文献

　証人尋問についての文献は多数あるが、主に実践的な観点から参考となる文献を抽出した。

フランシス・L・ウェルマン（林勝郎訳）『反対尋問の技術（上・下）』（1973年、青甲社）
丹治初彦ほか編『実務刑事弁護』（三省堂、1991年）
髙野隆「反対尋問の技術」季刊刑事弁護4号（1995年）170頁
特集「実践・尋問技術」季刊刑事弁護10号（1997年）36頁所収の各論文
キース・エヴァンス（髙野隆訳）『弁護のゴールデンルール』（現代人文社、2000年）
後藤貞人、小坂井久、髙見秀一、秋田真志、中西哲也、森直也、藤田さえ子、小林功武「刑事証人尋問の研究──事例から反対尋問のテクニックを学ぶ」日本弁護士連合会編『現代法律実務の諸問題（平成14年版）』（第一法規、2003年）607頁
秋田真志「刑事弁護のスキルアップのために」日本弁護士連合会編『現代法律実務の諸問題（平成15年版）』（第一法規、2004年）573頁
秋田真志「裁判員裁判と反対尋問技術」自由と正義57巻7号（2006年）43頁
佐藤博史『刑事弁護の技術と倫理』（有斐閣、2007年）
日本弁護士連合会編『法廷弁護技術』（日本評論社、2007年）
髙野隆「証人尋問」判例タイムズ1259号（2008年）127頁
日本弁護士連合会編『裁判員裁判における弁護活動──その思想と戦略』（日本評論社、2009年）
日本弁護士連合会編『法廷弁護技術（第2版）』（日本評論社、2009年）

付録DVD
「ダイヤモンドルールを用いた尋問の基本テクニック」について

　及川事件（本書第14章～第19章参照）を素材に、本書で紹介したダイヤモンドルールを用いない「悪い尋問」と、用いた「良い尋問」を実演、解説する。

【内容】　※「▼」のところに、頭だしをするための「チャプター」を付している。
　▼事件の概要
　▼検察官の主尋問
　▼反対尋問の基本テクニック　その①
　　　矛盾する周辺事実を積み重ねよ
　　　誘導尋問をせよ
　▼反対尋問の基本テクニック　その②
　　　尋問もプレゼンテーションであることを意識せよ
　▼反対尋問の基本テクニック　その③
　　　自己矛盾を示すためには３Ｃのステップを踏め
　▼主尋問の基本テクニック
　　　主尋問における尋問者のパフォーマンス
　▼　　主尋問では誘導するな
　　　５Ｗ１Ｈで聞け
　▼尋問における図面の利用

【出演】
　弁護人　　　森直也（大阪弁護士会）
　検察官　　　藤田さえ子（同）
　及川被告人　森下弘（同）
　坂西証人　　小林功武（同）
　裁判長　　　小坂井久（同）
　裁判官　　　川﨑拓也（同）・山本千佳子（同）
　裁判員　　　竹中宏一（同）・荒井俊英（同）・荒木晋之介（同）・陳愛（同）・
　　　　　　　神田洋一（同）・北井大輔（現代人文社）
　書記官　　　長谷川葵（新62期司法修習生）
　解説　　　　後藤貞人（大阪弁護士会）・秋田真志（同）
【脚本】ダイヤモンドルール研究会ワーキンググループ
【製作】株式会社テーク・ワン
【著作権者】ダイヤモンドルール研究会ワーキンググループ・株式会社現代人文社
【収録時間】31分12秒

＊2009年2月12日　大阪弁護士会館で撮影。

＊図書館での本書付録DVDの貸し出しは、本書と同時の場合に限り許可する。

ダイヤモンドルール研究会ワーキンググループ

後藤貞人　小坂井久　髙見秀一　秋田真志
藤田さえ子　小林功武　森直也
＊いずれも弁護士（大阪弁護士会）

GENJIN刑事弁護シリーズ11
実践！刑事証人尋問技術
事例から学ぶ尋問のダイヤモンドルール

2009年4月15日　第1版第1刷発行
2024年1月15日　第1版第9刷発行

編著者　ダイヤモンドルール研究会ワーキンググループ
発行人　成澤壽信
編集人　北井大輔
発行所　株式会社 現代人文社
　　　　〒160-0004 東京都新宿区四谷2-10 八ッ橋ビル7階
　　　　電話：03-5379-0307　FAX：03-5379-5388
　　　　Eメール：henshu@genjin.jp（編集）hanbai@genjin.jp（販売）
　　　　Web：www.genjin.jp
　　　　振替：00130-3-52366
発売所　株式会社 大学図書
印刷所　シナノ書籍印刷株式会社
装　幀　Malpu Design（清水良洋＋渡邉雄哉）

検印省略　Printed in JAPAN
ISBN978-4-87798-415-1 C2032
©2009 ダイヤモンドルール研究会ワーキンググループ

JPCA 本書は日本出版著作権協会（JPCA）が委託管理する著作物です。
複写（コピー）・複製、その他著作物の利用については、事前に
日本出版著作権協会　日本出版著作権協会（電話03-3812-9424、info@jpca.jp.net ）
https://jpca.jp.net/　の許諾を得てください。

図書館での本書付録DVDの貸出しは、本書と同時の場合に限り許可します。
乱丁本・落丁本はお取り換えいたします。